해나경의
고시원
마스터 클래스

본업보다 더 버는 월500 수익형 부동산

해나경의
고시원
마스터 클래스

해나경 지음

나비의 활주로

프 / 롤 / 로 / 그

저는 20년 넘게 카메라 앞에 선 방송인입니다. 제 꿈은 쇼호스트였고 꿈을 업으로 이뤄낸 축복받은 사람이지만 홈쇼핑 쇼호스트로 평생 살 수 없다는 불안감은 늘 저를 쫓아다녔습니다. 매일 TV에 나오는 화려한 직업이지만 1년 계약직으로 늘 불안한 삶을 살아내고, 아니 버텨내고 있었습니다. 용케도 20년을 버텨냈지만, 쇼호스트라는 타이틀을 내려놓게 되었을 때의 상실감과 허탈감은 상상만으로도 괴로웠습니다. 좋아하는 일로 돈을 벌고는 있지만 버텨내기 위해 제대로 쉬지도 못했습니다. 프리랜서이다 보니 경쟁은 치열했고 저보다 능력 있고 젊은 후배들은 항상 치고 올라옵니다. 돌이켜보면 제 인생에서 쇼호스트를 지우고 나면 남는 게 하나도 없는 느낌이랄까요? 이서경이라는 사람이 먼저인지, 쇼호스트라는 직업이 먼저인지 모를 정도로 일을 사랑하며 살았지만 돌이켜보니 결국 제 삶을 놓친 채 애증의 관계로 지내온 것만 같습니다.

초반에는 쇼호스트로 성공도 해 보고 싶고 제대로 자리 잡고 싶은 마음에 일만 하며 살았고 결혼해 가족이 생긴 후에는 돈을 벌기 위해 열심히 일만 하며 살았습니다. 그렇게 강산이 두 번 바뀌고 나니 쇼호스트 수입 이외에 다른 파이프라인을 하나 더 만들어 진심으로 일도 즐기고 제 삶도 즐기고 싶었습니다. 방송이 적든 많든 스트레스 받지 않고 쇼호스트 이서경이 아니라 그냥 이서경으로 제 삶을 일 순위에 두고 싶었습니다. 그래서 시작한 일이 고시원입니다. 시간을 뺏기지 않으니 얼마든지 본업에 집중할 수 있고, 고시원으로 수익이 창출되니 스트레스 받지 않고 일을 즐길 수 있었습니다. 고시원으로 본업보다 더 많은 수입이 벌리면서 회사 생활이 한결 가볍고 즐거워지기 시작했습니다.

그렇게 시작한 고시원이 마중물이 되어 저는 파티룸과 무인카페까지 사업장을 넓혔고 사업 시작 3년 만에 꿈에 그리던 건물주가 됐습니다. 무엇보다 놀라운 건 제가 그토록 바라던 책까지 출간하게 되었네요. 밥을 먹다가도 피식 웃음이 나오고, 길을 걷다가도 피식 웃음이 나옵니다.

고시원으로 제게 일어난 변화들이 정말 제 것이 맞는지 이따금씩 놀라곤 합니다. 누군가의 말처럼 자면서도 통장에 돈이 들어오는 삶을 살게 됐습니다. 근로 소득에만 의존했던 제가 몸을 쓰지 않고도 돈이 돈을 벌어와 쉬고 싶을 때 쉬고, 떠나고 싶을 때 떠나는 삶을 살게 됐습니다.

그뿐만 아니라 고시원으로 돈에 눈을 뜨면서 대출 레버리지의 힘을 알게 됐고 돈을 굴릴 수 있는 힘을 얻게 됐습니다. 무엇보다 서울 핵심지 역세권에 제 건물을 올릴 수 있게 된 것도 대출 이자를 감당할 수 있을 만큼의 현금 흐름을 만들어준 고시원 덕분이었습니다. 제게 벌어진 이 엄청난 변화들이 너무 신기하고 감사할 따름입니다. 고시원 사업을 시작하고 두 번째 수입이 생기면서 금전적인 여유에서 오는 편안함과 행복뿐만 아니라 더 많은 기회들을 얻게 됐습니다. 누군가 월수입 천만 원이 생기면 초고속 성장이 일어나고 이를 기반으로 더 많은 일들을 할 수 있게 된다고 하던데 제가 그 경험을 몸소 하고 있네요.

그리고 저는 제가 겪은 이 모든 것들을 주변의 좋은 분들과 공유했습니다. 제 고시원 사업에 관심이 있거나 제 성장의 변화를 관심 있게 지켜본 분들에게 최선을 다해 모든 것을 알려드렸습니다. 가까운 친구뿐만 아니라 저희 딸아이 친구 엄마에게도, 시댁 형님에게도, 시아버지의 베스트 프렌드에게도, 남편의 지인에게도 말이죠. 제가 잘할 수 있는 일이 누군가에게 큰 힘이 되고 도움이 될 수 있다는 게 기뻤습니다. 그리고 진심으로 다 같이 잘살고 싶었습니다. 그렇게 나누다 보니 많은 경험이 쌓이면서 고시원 유튜브까지 운영하게 됐고 해나경 고시원 클래스로 더 많은 노하우를 쌓아 여기까지 오게 됐습니다.

고시원은 현금 흐름의 끝판왕이며, 수익형 부동산의 꽃이라고 합니다. 하지만 정보가 많이 부족하고 폐쇄적인 시장이기도 합니다. 그래서 조심해야 할 것들도 많고 챙겨야 할 것들도 많습니다. 부디 이 책으로 많은 도움이 되셨으면 좋겠습니다. 그리고 이 책을 통해 더 많은 분들이 저와 함께 잘됐으면 좋겠습니다.

마지막으로 이렇게 귀한 경험을 할 수 있도록, 일에 매진할 수 있도록 도와준 남편과 딸 온유에게 고맙다는 말을 하고 싶습니다. 바쁜 아내와 엄마로 제대로 챙기지도 못했는데 곁에서 짜증 한 번 없이 응원해준 가족에게 감사한 마음을 전합니다. 더불어 제가 무슨 일을 하든지 믿고 격려해주신 양가 부모님께도 마음을 전합니다. 그리고 해나경 고시원 클래스를 믿고 선택해준 우리 해나경 패밀리에게도 이 자리를 빌려 감사 인사를 드립니다. 앞으로도 소중한 인연에 늘 감사하며 성공 사다리 끝으로 함께 올라가 더 큰 행복을 만끽했으면 좋겠습니다. 또한 이 책을 선택해주신 독자분들에게도 진심을 다해 감사의 마음을 전합니다. 호기심으로 들었던 이 책이 변화의 시작이 되었으면 좋겠습니다. 우리가 그토록 원하던 경제적 자유를 꼭 이뤄내셨으면 좋겠습니다.

2025년 3월 이서경(해나경)

CONTENTS

PART 1

20년 차 쇼호스트의
고시원 사업의 시작

억대 연봉 쇼호스트가
고시원 청소를 한다고?

제 지인 유튜브 채널에 출연해 '고시원 사업하는 쇼호스트의 일상'을 보여드린 적이 있습니다. 그 영상을 제작한 지인이 "친하게 알고 지내는 변호사 형님이 누나가 출연한 영상을 보더니 꼭 한 번 누나 만나보고 싶다고 해서요."라고 연락해 왔습니다. 마침 저도 고시원 유튜브 채널을 운영하고 있었고 고시원 계약과 운영에 있어 법률 자문을 구할 곳이 필요했었죠. 변호사님은 흔쾌히 제 유튜브 채널 출연까지 약속해 주셔서 많은 대화를 나눌 수 있었습니다. 왜 저를 만나고 싶으셨냐고 그분께 물었더니, "본인 일을 사랑하고 일을 통해 행복한 감정을 느끼고 있다고 인터뷰한 장면을 봤어요. 그 부분이 정말 인상적이었고…" 세상에 자기 일을 사랑하고 그 일을 하면서 행복한 감정을 느낄 수 있는 사람이 과연 몇이나 될까 자문했습니다. 생각해보니 저는 꿈을 업으로 삼은 축복받은 사람이었습니다.

학창시절부터 오롯이 한 가지 꿈만 바라보며 달렸죠. 사람들 앞에서 말하는 게 마냥 좋고 짜릿했습니다. 방송 MC가 되고 싶어서 아나운서 준비를 했고 TV 홈쇼핑 쇼호스트라는 직업을 알게 되면서 제 천직을 찾았다며 두근댔던 순간이 아직도 생생합니다. 하지만 공부에 흥미를 느끼지 못해 스펙이라 할 게 아무것도 없었고 특별히 예쁘지 않아서 눈에 띄지도 않았습니다. 학벌 좋은 친구들과 미인대회 출신들 사이에서 이것저것 밀리는 것 많았지만 실력으로 승부해보자는 마음으로 꿈을 향해 포기하지 않고 열심히 움직였습니다. 대학 4년 동안 달달한 캠퍼스 생활을 포기

하고 전국을 돌아다니며 MC 리포터 오디션을 수도 없이 봤고, 수도 없이 떨어지면서 차곡차곡 내공을 쌓았습니다.

2004년 KBS에서 기업과 콜라보로 〈꿈의 피라미드〉라는 취업 오디션 프로그램이 방영 중이었는데 NS홈쇼핑(당시 농수산 홈쇼핑) 쇼호스트 편 모집 영상을 보게 됐습니다. 바로 신청서를 제출했고 예선을 치렀는데 본선 1차로 가는 합격자 명단에 제 이름은 없었습니다. 주섬주섬 짐을 싸서 집으로 돌아가려던 순간, 본선으로 가는 마지막 진출자가 동점으로 한 명 더 있다며 최후의 1인 이름을 불렀습니다. 수많은 지원자들이 두 손 모아 자신의 이름이 불리길 바라고 있을 때 드라마처럼 사회자는 제 이름을 불렀습니다. 그렇게 꼴등으로 본선에 들어가 결국 수많은 경쟁자를 물리치고 최종 본선을 거쳐 당당히 1등으로 합격해 TV 홈쇼핑 쇼호스트의 꿈을 이루게 됐습니다.

스물 셋이라는 어린 나이에 2천 명 가까운 지원자를 뚫고 당당히 전체 1등으로 NS홈쇼핑에 입사했습니다. 이후 NS홈쇼핑에서 이직해 현재는 공영홈쇼핑에 몸담고 있고 그토록 되고 싶었던 쇼호스트 생활을 20년 넘게 해오고 있습니다. 저는 꿈을 이루었고 좋아하는 일을 하면서 돈도 법니다. 연예인처럼 전문 메이크업과 헤어를 매일 받고 TV에 출연합니다. 사람들에게 보이는 화려한 직업이라 어디를 가도 주목을 받았습니다. 꿈도 이뤘고 억대 연봉에 만족도가 높은 직업이라 저는 제 일을 사랑할 수밖에 없었고 일을 할 때마다 행복했습니다. 그래서 유튜브 영상에서도 제 일을 사랑하는 모습이 진심으로 전해졌나 봅니다.

그런데, 그런 제가 왜 고시원 청소를 하고 있을까요? 물론 지금은 무인 시스템 다 갖춰서 청소는 하지 않습니다만 고시원 운영 초기에는 모든 고시원 청소를 도맡아 했습니다. TV홈쇼핑 쇼호스트는 제가 사랑하는 일이었지만 이 세계는 녹록지 않았습니다. 1년 계약직이라 성과가 없으면 쇼호스트 타이틀을 바로 내려놔야만 했습니다. 보통 5차까지 공채 시험을 치르는데 엄청난 경쟁률을 뚫어야 합니다. 치열하게 입사했지만 직업 특성상 계약이 안 되면 그만입니다. 생방송 진행이라 땅따먹기 하듯 동료들끼리 밥그릇 싸움을 해야 합니다. 연예인처럼 캐스팅이 되어야 일을 할 수 있는 시스템이고 방송 개수에 따라 페이가 달라져서 여러모로 스트레스가 상당할 수밖에 없는 구조를 가지고 있습니다. 결정적으로 몸을 쓰는 직업이죠. 행여나 아프거나 다치면 방송을 할 수 없고 이는 수입으로 바로 직결됩니다. 프리랜서 계약이라 퇴직금도 없고 4대 보험도 안 됩니다. 휴가를 내면 방송이 줄고 수입도 줄게 됩니다. 마음 편히 여행을 가기도 힘듭니다.

돌이켜보면 제 이십 대 삼십 대는 오직 일밖에 없었던 것 같습니다. 쇼호스트를 평가하는 기준은 회사 방침에 따라 매번 달라지지만 방송 개수도 있었고, 매출 실적도 있었기에 쉽사리 방송을 뺄 수도 없었습니다. 그래서 길게 여행을 가거나 잠시 쉬고 다른 공부를 하는 건 당시 꿈도 꿀 수 없는 일이었죠. 젊고 유능한 친구들은 계속 입사합니다. 생방송 룸은 한정되어 있기에 더 치열한 땅따먹기를 해야 합니다. 제 꿈이었고 사랑하는 일이었기에 행복하게 버틸 수 있었습니다.

그렇게 앞만 보고 달리다가 문득 이런 생각이 들었습니다. "나도 재계약이 안 되면 어떡하지? 평생 쇼호스트라고 날 소개했는데 하루아침에 회사를 그만두게 되면 어떡하지? 그리고 난 뭘 먹고살아야 하는 거지?" 순간 제 미래를 생각하니 무서운 생각이 들었습니다. 쇼호스트 말고는 할 줄 아는 게 하나도 없는데, 퇴사하면 자존감은 바닥으로 떨어질 텐데. 꿈을 이뤘다는 단꿈에 젖어 아무것도 준비하지 못하고 있다가는 정말 제 인생이 어떻게 꼬여버릴지 모를 일이었습니다. 마음이 급해졌습니다. 뭐라도 해야 했습니다. 쇼호스트 이후의 삶을 진지하게 고민해야 했습니다.

저는 회사에 소속되어 있지만 근무 형태는 프리랜서였기에 일단 좋아하는 방송 일을 하면서 돈을 벌 수 있는 파이프라인을 찾아 헤매기 시작했습니다. 저는 당장 할 수 있는 일이 자영업이라 생각했고 바로 대형 서점으로 가서 도서 검색대에 '장사'와 '프랜차이즈'를 검색했습니다. 그렇게 망망대해에 홀로 남겨진 조각배처럼 뭘 어떻게 해야 할지 모르고 계획도 없이 무턱대고 책을 읽었습니다. 할 줄 아는 게 없으니 프랜차이즈에 관심을 가졌고 제가 할 수 있는 아이템이 뭐가 있을지 고민했습니다. 박람회도 기웃거려보고 블로그, 카페, 유튜브도 찾아봤습니다.

그러던 중 블로그에서 성정길 강사님의 창업 멘토링 1기 수업을 알게 됐고 바로 강의 신청을 했습니다. 강사님은 어떤 창업 아이템에 관심이 많은지 사전 조사를 했고 저는 막연하게 카페라고 적었습니다. 막연했지만 제 딴에는 일반 카페로는 승부를 낼 수 없다는 생각에 사랑방 같은 카페를 만들어보자. 우리 동네 작은 문화센터 같은 카페를 만들어보자고 생각했습니다. 제가 아이들 스피치 수업도 해주고 엄마들 재능을 모아 책 읽기 수업, 뜨개질 수업, 영어회화 수업 등 독서 모임도 만들면 좋겠다고 생각했습니다. 그래서 엄마들이 네트워킹 할 수 있는 카페 콘셉트로 창업해보겠다고 했는데 그러려면 제가 카페에 상주해야 하는 시간이 많아야 했고 쇼호스트 일과 병행하기도 어려웠습니다.

다시 어떤 아이템이 좋을까 고민하던 중 저와 같은 조에 있는 수강생 한 분이 고시원을 하고 있다는 걸 알게 됐습니다. 코로나로 상황이 힘들어져 다른 업종을 알아보러 강의에 참여하게 됐다고 하셨어요. 결론부터 말씀드리면 강사님은 다른 업종을 찾지 말고 고시원을 벨류업 하는 데 집중하라는 조언을 주셨습니다. 자금 상황이 안 좋아진 시점에서 오히려 대출을 받아 인테리어를 하라니. 당시에는 이해가 가지 않았는데 결국 새롭게 단장된 4층짜리 고시원 건물은 입실자들이 넘쳐나기 시작했고 만실 운영으로 수익이 더 늘어났습니다.

현금 흐름이 뛰어난 고시원 사업을 옆에서 지켜보면서 궁금증이 더해졌죠. 그러던 중 블로그 이웃으로 알고 지낸 분도 고시원으로 꽤나 많은 현금 흐름을 만들어 유튜브에 출연하는 모습을 보고 더 관심을 갖게 됐습니다. 이미 고시원 사업에 관심이 생긴 터라 그분께 연락해 더 면밀하게 고시원 사업 운영 방법과 수익성에 대해 듣게 됐습니다. 참 감사하게도 어떤 대가도 바라지 않고 저 잘되라는 순수한 마음으로 그동안 쌓아온 모든 노하우를 전수해 주셨습니다.

지금 생각해보면 혼자서 공부를 많이 했다 하더라도 곁에서 도와주는 분들이 없었다면 시작도 못 했을 일입니다. 털털하고 성격 급한 저와는 다르게 그분은 매우 치밀하고 분석적이었습니다. 임장 다녀온 모든 고시원 매물을 다양한 항목을 만들어 수치화하고 우열을 가렸습니다. 그리고 가장 높은 점수의 고시원 2개를 인수받아 운영하고 있었습니다. 제 곁에 실제 고시원을 운영하고 있는 두 분이 계시니 무서울 게 없었습니다. 고시원 매물을 어떤 기준으로 봐야 하는지, 수익 분석은 어떻게 하는지, 임장 시 주의할 점은 무엇인지, 입실자 수요 파악은 어떻게 하는지, 주변 고시원 시장조사는 어떻게 하는지 하나하나 실전 경험을 공유해 주셨습니다. 그리고 직접 운영하는 고시원에 초대해서 꼼꼼하게 설명도 해 주셨습니다. 카페를 해야 하나, 쇼호스트 지망생들 교육을 해야 하나, 일반인 스피치 강의를 해야 하나 고민만 하고 있었는데, 고시원 사업을 알고부터는 가슴이 콩닥대기 시작하면서 다른 것들은 다 내려두고 더 깊게 알아보고 싶어졌습니다.

고시원을 해야겠다고 마음먹은 결정적인 이유 하나가 더 있었습니다. 사실 결혼 전에 제가 살던 아파트 1층에는 젊은 부부가 운영하는 24시간 분식집이 있었습니다. 낮에는 부부가 일하고 밤에는 친정어머니가 일을 도와주셨습니다. 밤늦게 방송 마치고 분식집에 들어가 간단히 허기를 채웠는데 혼자 일하는 어머님이 너무 힘들어 보여서 홀서빙을 도와드렸습니다. 손님 오실 때마다 반갑게 인사하고, 밝은 미소는 덤으로 맛있게 드시라는 인사도 빠뜨리지 않았죠. 피곤에 절어 인상 쓰며 들어오셨던 손님은 제 밝은 인사에 반갑게 화답해 주셨고 식사 마치고 나가실 때도 "덕분에 잘 먹고 갑니다~."라고 인사를 건네주셨습니다. 그때 생각했습니다. 나로 인해 누군가 기뻐할 수 있다면 참 좋겠다. 그런 일을 한다면 난 참 행복하겠다. 그때부터 사람을 직접 대면하는 장사나 서비스업에 호감을 갖게 됐고 언젠가 꼭 해봐야지 하는 생각을 쭉 가지게 됐습니다. 그리고 곰곰이 생각해보니 스치듯 지나가는 손님에게 제공하는 서비스도 이렇게 기쁜데 내 집(고시원)에 살고 있는 손님들을 만족시켜드리는 서비스라면 더 의미 있고 행복할 것 같았습니다. 그렇게 고시원에 대한 확신이 생겼고 저는 유튜브와 블로그, 강의 플랫폼 등에서 고시원을 검색하고 관련된 정보를 최대한 긁어 모았습니다.

당시에는 지금처럼 고시원 투자가 활발하지 않았고 워낙 고시원이 폐쇄적인 시장이다 보니 사업에 대한 가치가 수면 위로 떠오르지 않았던 상황이었습니다. 더군다나 코로나로 공실 많은 매물이 시장에 쏟아져 나와서 사람들에게는 불안한 사업 아이템이었을 것입니다. 저도 취할 수 있는 정보가 부족한 상황이었지만 단발성 강의, 온라인 강의 등 최대한 고시원에 관한 정보를 얻으려고 애썼던 기억이 납니다. 그랬던 제게 구세주처럼 나타난 고시원 원장님 지인 두 분은 귀한 경험들을 제게 다 쏟아 주셨습니다. 이분들이 아니었다면 지금의 제가 없었을지도 모르겠습니다. 이때 받은 도움이 제게 얼마나 든든한 힘이 되었는지 알기에 저도 고시원을 성공적으로 운영하면 똑같이 도움을 드려야겠다고 다짐했습니다.

지금과는 달리 코로나 여파로 고시원 줍줍 하던 시절이었지만 또 아무 물건이나 계약할 수 없었기에 수도 없이 많은 매물 임장을 다녔습니다. 부동산에서는 이제 그만 봐도 된다고 했지만 많은 매물을 보다 보니 저만의 기준이 생기기 시작했고 그 기준을 토대로 더 많은 매물 임장을 다니면서 확신이 생기기 시작했습니다.

드디어 2021년 7월 양천구에 첫 고시원을 계약하고 이듬해에 마포구에 2호점을, 이어서 그해 겨울 영등포구에 세 번째 고시원을 계약합니다. 세 번째 고시원은 방 53개짜리 통건물에 사이즈가 워낙 커서 예상했던 것보다 리모델링 비용이 많이 초과됐습니다. 무권리에 계약한 2호점을 양도해 권리금 시세차익으로 3호점에 다시 투자를 합니다. 1호점은 계약 당시 절반 이상이 공실이었지만 3개월도 안 돼 만실을 만들었습니다. 총무님 월급을 주고도 월 700만 원 이상을 벌었습니다. 3호점은 전체 명도 후 0에서 시작해 3개월 만에 만실로 순이익 1,300만 원 이상을 찍으면서 월 순수익 2천만 원 현금 흐름을 만들어 냅니다. (대출 이자는 제외했습니다.)

만 3년 만에 고시원으로 월 현금 흐름과 시세차익이라는 두 마리 토끼를 잡았고, 저는 현재 마포구 신수동에 토지를 매입해 4층짜리 상가주택 신축 중에 있습니다. 1호점 양도 후 권리금 차익으로 목돈을 만들었고 지금도 꾸준히 들어오는 현금 흐름 덕에 대출 이자를 감당할 수 있게 됐습니다. 아무것도 모르던 방송쟁이는 고시원 덕에 3년 만에 건물주가 됐습니다. 고시원 현금 흐름이 좋다 보니 대출 레버리지를 이용해 신축에 이어 파티룸, 무인카페도 운영 중에 있습니다.

사람들은 묻습니다. "고시원은 언제까지 하실 거예요?" 저는 고시원 사업을 그만둔다는 생각을 한 번도 해 본 적이 없습니다. 매일매일 통장에 입실료가 들어오고 무인 운영이 가능합니다. 다른 업종에 비해 유행도 안 타고 양도 리스크가 적어 권리금 깎이는 일 없이 엑시트도 언제든지 가능합니다. 고시원은 저에게 돈의 흐름을 가르쳐줬고 사업의 묘미를 보여줬습니다. 물론 그렇다고 고시원이 마냥 쉽게 돈을 벌어다 주지는 않습니다. 한밤중에 건물이 흔들릴 정도로 소방벨이 울리고 툭하면 누수에 별의별 하자 문제가 생깁니다. 월세 밀리고 연락이 두절되는 손님도 있고 경악을 금치 못하는 쓰레기방도 처리해야 합니다. 빈방 문의 전화에 입실자들 클레임까지 수시로 전화벨은 울려댑니다. 수시로 멘탈이 흔들리고 어떻게 대처해야 할지 막막한 적도 많았지만 결국은 해결이 되더군요, 왜 나에게만 이런 일이 생기냐며 불만을 가졌더라면 절대 오래 못할 일이었습니다.

경험이 쌓이면서 노하우가 생기기 시작했고, 제가 제공해드리는 서비스로 우리 손님이 기뻐할 생각을 하니 일이 재밌어지기 시작했습니다. 제게 주어진 미션들은 마음먹기에 따라 달라질 수 있다는 것을 느꼈습니다. 다른 사람도 아니고 제 통장에 돈 넣어주시는 분들인데, 이분들 덕분에 먹고살 수 있는 건데 얼마나 감사하겠습니까. 이런 마음이 결국 고시원 운영에 있어 저만의 경쟁력이 되었고 꾸준히 만실로 운영할 수 있는 힘이 되었습니다.

이제 한 우물만 팠던 우물 안 개구리가 어떻게 고시원 사업을 성공적으로 해냈는지 하나씩 풀어보도록 하겠습니다. 지금 이 책을 보고 계시는 분들 중에는 어떤 사업을 해야 할지 막막하던 중에 책을 펼친 분도 계시고, 고시원 사업에 관심이 있어 더 자세히 들여다보고 싶은 분들도 계실 겁니다. 이제 아무것도 몰랐던 방송쟁이가 어떻게 고시원 사업을 성공적으로 해냈는지 하나씩 풀어보도록 하겠습니다. 모쪼록 많은 도움이 되셨으면 좋겠습니다.

대출 레버리지에 눈뜨다: 고시원 사업 자금

제가 고시원을 운영한다고 하면 사람들은 하나같이 놀라며 묻습니다 "아니 건물이 있어요?" 생각보다 많은 사람들이 고시원은 본인 건물에서 운영하는 걸로 생각하시더군요. 저는 임차인이지만 월세를 받는 사업이다 보니 일반 업종에 비해 임대인으로 먼저 생각하는 분들이 많습니다. 고시원도 상가 혹은 건물을 임차해 영업을 합니다. 다시 말해 내 건물 없이도 얼마든지 고시원 영업을 할 수 있다는 뜻이죠. 저는 건물주(임대인)에게 월세를 한 달에 한 번 내지만 저희 고시원 입실자 분들에게 한 고시원에서 한 달에 53번의 월세를 받습니다. 매일매일 통장에 현금이 따박따박 들어옵니다. 그래서 고시원은 수익형 부동산의 꽃이라고 하죠? 혹자는 고시원은 현금 흐름의 끝판왕이라고 말합니다. 더불어 권리금 차익까지 볼 수 있습니다. 낙후된 고시원을 저렴한 권리에 인수해 인테리어

하면 방 가격도 올라갑니다. 결국 순이익이 오르면 권리금도 높게 받을 수 있죠. 전 이런 엄청난 고시원 세상을 알아버렸습니다.

6개월 넘게 수많은 매물 임장을 다니면서 투자금은 대략 얼마가 드는지, 순이익은 얼마가 나오는지 알게 됐고 수익 분석이 가능해졌습니다. 부동산에서 주는 매물 브리핑으로는 순이익 계산조차 어려운 사례도 많았습니다. 매출과 지출 내용을 알아야 순이익을 계산하는데 방 가격도 공실도 알려주지 않는 경우도 많았고 공과금이 얼마가 나오는지, 외창 내창 가격이 다른데 방 타입 비율도 알려주지 않았습니다.

성공 사례만 보지 않고 실패 사례까지 꼼꼼하게 찾아 고시원 성공과 실패 요인을 분석했습니다. 개별성이 강하고 폐쇄적인 시장이라 부동산을 잘못 만나 사기를 당하는 일을 경계하기 위해 다양한 부동산을 통해 최대한 많은 임장을 다니고 많은 매물을 비교했습니다. 수많은 고시원 매물을 보면서 나름의 기준이 생겼고 고시원을 보는 눈도 키워졌습니다. 좋은 매물은 최대한 발품 팔고 신중을 기하면 찾을 수 있다고 확신했고 운영과 관련된 실패 요인은 충분히 개선할 수 있는 부분이라 오히려 기회라고 생각했습니다.

이제 물러설 이유가 없었고 어떻게든 고시원을 운영해보고 싶어졌습니다. 제가 고시원 매물을 알아보던 당시는 코로나 시절이라 고시원을 운영하던 사람도 매물을 내놓는 때여서 불안할 수밖에 없었습니다. 하지만 저는 기회라 생각했습니다. 코로나는 곧 마무리될 거라 확신했고 권리금이 바닥까지 떨어졌을 때 잡아야 한다고 생각했습니다. 그렇게 마음에 드는 매물을 찾아 헤매던 중 입구에 들어서자마자 설레는 매물을 만났습니다.

햇빛 잘 들어오는 통창에 환기도 잘되고 외창 30개 내창 7개, 큼지막한 방에 올원룸 고시원이었습니다. 단독 건물에 개별 에어컨까지 있었죠. 곁에서 도와줬던 지인에게도 좋은 매물이라는 피드백을 받았습니다. 두근대는 마음으로 임장을 끝내고 바로 계약하고 싶다고 부동산에 전했습니다.

이미 대출을 많이 끌어 쓴 상태라 더 이상의 주택담보대출은 어려웠고 남편의 신용대출은 가능했습니다. 보증금 8천만 원에 권리금 7천만 원. 필요 자금은 1억 5천만 원이었는데 다행히 대출을 받을 수 있었습니다. 태어나 처음 신용대출을 받았습니다. 상품에 따라 다르겠지만 신용대출은 원금과 이자를 함께 갚는다는 걸 이때 처음 알았습니다. 금리도 높았고 5년 만기여서 한 달에 300만 원씩은 갚아야 하는 상황이었죠. 워낙 큰 금액이라 불안하기도 했지만 과감하게 도전해 보기로 했습니다. 지금 생각해보면 왜 그렇게 무모했나 싶기도 합니다. 아무리 사업은 남의 돈으로 하는 거라지만 투자금 100%를 신용대출로 받다니요. 예전의 저라면 상상도 못 할 일이었습니다.

결혼하고 저는 회사 인근 아파트에서 전세로 살고 있었습니다. 전세 만기가 가까워져 올 때쯤 임대인이 8천만 원이나 전세금을 올렸습니다. 당시 갭차이가 얼마 안 나던 때여서 무리해서 집을 매입했습니다. 지가 상승이나 투자 개념으로 집을 산 게 아니라 오직 직주 근접을 위해 회사 바로 앞으로 이사했을 뿐입니다. 2년 만기가 됐을 때 임대인은 전세금을 올려 달라고 했고, 마침 전세가와 매매가 차이가 얼마 나지 않아 아파트를 매수했을 뿐입니다. 그때 받은 대출금이 늘 걱정거리였고 부담 그 자체였죠. 저와 남편은 월급, 성과급, 부수입 등 수입이 생기는 대로 대출금을 갚았습니다. 당시 주택담보대출 이자가 2프로대였음에도 최대한 원금을 빨리 갚고 싶었습니다. 대출금 갚을 때마다 통장에 마이너스 잔액이 줄어드는 걸 보면서 한없이 뿌듯해하고 즐거웠던 기억이 납니다. 지금 생각하면 웃음만 나올 뿐이죠.

당시 저는 자본주의에 무지했습니다. 결혼 전부터 빚 지면서까지 얻는 자가는 큰 의미 없으며, 빚 없이 전세 사는 게 훨씬 행복할 것 같다고 남편에게 말하곤 했습니다. 그리고 아파트가 생겼다는 기쁨도 잠시, 30년 동안 갚아야 할 대출에 마음이 늘 편하지 못했습니다. 그래서 돈이 생기는 족족 낮은 이율의 대출금을 바로바로 갚아갔죠. 그러던 중 고시원 사업을 알게 됐고 나름 준비를 많이 했기에 어느 정도 확신이 있었습니다. 제 인생에서 아주 중요한 터닝포인트라 생각했기에 용기 있게 도전해보고 싶었습니다. 남의 돈 빌리면 어떻게 되는 줄 알았던 제가, 대출 받은 돈으로 고시원을 운영하고 말도 안 되는 수익을 얻게 되면서 결국 대출에 눈을 뜨게 됐습니다. 당시 신용대출 이자가 5프로대였는데 1억 5천을 투자해서 월 800의 수익을 올렸으니 수익률이 60퍼센트가 넘었습니다. 대출 레버리지를 제대로 실감했죠.

고시원 사업을 하면서 아주 미세하게 돈의 흐름이 보이기 시작했습니다. 당시에는 잠도 제대로 못 잘 정도로 두려웠지만 급한 성격과 실행력 덕에 신용대출로 사업을 시작할 수 있었는데요. 레버리지라는 것이 이런 거구나. 사람들은 그래서 대출 강의도 듣고 돈 공부도 했던 거구나 하며 많은 것을 느끼게 됐습니다. 결국 고시원 사업을 시작하면서 돈 공부가 필요하다는 것을 깨닫고 꽉 누르고 있던 브레이크 페달을 떼어 조금씩 액셀을 밟기 시작했습니다. 아파트 매수 당시 LTV가 40퍼센트여서 규제가 풀리면 향후 대출을 더 받을 수 있는 구조였고 시간이 흐르면서 아파트 가격은 상승했기에 저는 깔고 있는 아파트를 담보로 대출을 계속 받아 고시원 사업을 확장할 수 있었습니다.

제가 고시원 사업을 하자 주변 사람들은 궁금해했습니다. 쇼호스트 일도 하면서 고시원 일도 한다고? 고시원을 일주일에 두세 번 정도만 간다고? 결정적으로 매일매일 통장에 따박따박 현금이 들어온다는 말에 백이면 백 모두 솔깃해했습니다. "그럼 직장 다니면서도 할 수 있는 거야?", "한 달 수익은 얼마나 되는 거야?", "그럼 투자금은 얼마를 준비해야 해?"

예전보다 권리금도 많이 올랐고 작은 상가 규모가 아니기 때문에 분명 투자금에 대한 부담감은 있습니다. 하지만 고시원은 더 이상 공급이 어렵고 수요는 계속 늘고 있는 시장이기 때문에 진입이 어렵지, 진입하고 나면 어떤 업종보다도 리스크가 적은 사업입니다. 때문에 자금이 확보된 상태에서 충분히 공부하고 준비한다면 현금 흐름을 반드시 만들어 낼 수 있는 사업입니다.

사람들의 질문에 대략 얼마 정도 자금이 필요하다고 답해주면 당장 그만한 돈이 없다고 말합니다. 그리고 마냥 제 수익을 부러워합니다. "지금 사는 아파트 자가 맞지 않아? 지금 대출 얼마나 있어? 추가로 더 받을 수 있는지 알아봐." 이렇게 말하면 대부분 대출까지 받으면서 하기에는 부담이 된다는 답이 돌아옵니다. 또 다른 지인은 부채가 싫어 10년 동안 대출 상환에만 집중했다고 합니다. 이제 겨우 다 갚았는데 또 대출을 받는 건 싫다고 말합니다. 충분히 대출 레버리지를 일으킬 수 있는 환경이 되는데 생각보다 이를 활용할 수 있는 사람들은 많지 않았습니다. 저 또한 그랬으니까요.

아마 저도 고시원이 아니었다면 지금도 열심히 대출 상환에 모든 열정을 쏟아부었을 겁니다. 그렇다고 고시원 사업 자금을 무조건 대출받아 하라는 이야기는 아닙니다. 이번 기회에 자본주의를, 돈을, 우리 곁에 두고 찬찬히 살펴볼 기회를 가져 보셨으면 좋겠습니다.

저는 평소 쉽게 읽히는 자기계발서를 좋아하는데 읽다 보면 자연스럽게 경제 경영 장르로 넘어가게 되더군요. 많은 책들을 읽으면서 머리로는 이해되지만 두려움에 어떤 실행도 하질 못했습니다. 고시원을 하기로 마음먹으면서 대출로 자금을 마련하고, 진짜 제 돈이 투여되다 보니 공부를 안 하려야 안 할 수 없었습니다. 책에서 읽었던 '부의 사다리'가 이런 거였구나. 사람들은 이 사다리를 타고 부의 꼭대기로 올라가는 거였구나. 평생 몸으로 일하고 한 달에 한 번 받는 월급으로 살아갔던 제게 새로운 세상이 열리기 시작했습니다.

이제 와서 보니 정말 감사한 건 제가 카페를 오픈해 1년도 못 버티고 폐업해야 하는 그런 상황에 직면하지 않았다는 것입니다. 상가 투자를 어렵게 했는데 공실로 월세도 못 받고 대출 이자로 손해를 보고 있는 상황도 아니었습니다. 사람 관리가 제일 어렵다는데 당장 내일 출근 못 하겠다는 아르바이트생 때문에 속을 끓이는 상황도 아니었습니다.

매물 잘 고르는 눈과 흔들리지 않는 기준만 있다면 고시원은 부의 사다리에 올라가는 그 첫 계단이 될 수 있습니다. 다만 돈이 된다고 쉽게 휘둘리지 않으셨으면 좋겠습니다. 신중하게 매물을 보고 충분히 공부하셨으면 좋겠습니다. 긴가민가할 땐 모든 게 불안하고 두려워집니다. 확신이 섰을 때 진입하면 고시원은 현금 흐름과 시세차익 모두를 잡을 수 있습니다. 자산 증식을 위한 부동산 투자도 중요하지만 매월 아니 매일 현금이 들어오는 고시원 사업이 지금은 더 필요한 분들도 많으실 겁니다. 아이 교육도 시켜야 하고 대출금도 갚아야 하니까요. 지금부터 노후 준비도 해놔야 하니까요. 그리고 결국은 현금 흐름이 있어야 부동산 투자도 가능해지니까요.

저는 40대 초반에 자본주의에 눈을 떴습니다. 50대 이후에나 가능하다고 생각했던 건물주의 꿈을 3년 만에 고시원 덕에 이뤄냈습니다. 고시원에서 나오는 현금 흐름 덕에 4층짜리 상가주택 신축을 무난히 할 수 있게 됐습니다. 그 시작은 난생처음 내 사업을 시작해보겠다는 용기에서 비롯됐습니다. 그 용기로 100% 신용대출까지 받았고 결국 그 용기 값을 지금 충분히 받고 있는 중입니다.

무조건 대출받아 사업하란 말씀을 드리기엔 꽤나 조심스럽습니다. 하지만 눈앞에 있는 기회를 놓치지 않으셨으면 좋겠습니다. 리스크 없이 큰 수익을 바라는 건 욕심이기에 리스크를 방어할 수 있도록 차근차근 함께 준비해 보시죠. 언젠가 받을 용기 값을 생각하며 무엇이든 좋으니 고시원 공부든 돈 공부든 '시작'할 수 있었으면 좋겠습니다. 우리 함께하시죠! 부의 사다리 꼭대기를 향해 서로 의지하면서 한 계단 한 계단씩 함께 올라갔으면 좋겠습니다.

자, 그럼 고시원 사업 자금도 간단히 알아보겠습니다. 앞에서 언급한 제 첫 번째 고시원 매물의 총 투자 금액과 순이익은 2021년 코로나19 시절이었기 때문에 가능했습니다. 당시에는 무권리로 나오는 매물도 상당했으니까요. 코로나19가 끝나고 고시원 사업의 드라마틱한 수익성이 수면 위로 떠오르면서 고시원 권리금은 치솟기 시작했습니다. 신소방법으로 공급이 어렵고 유행도 타지 않는 데다가 다른 업종에 비해 엑시트 불안이 거의 없는 업종입니다. 여기에 무인 운영까지 가능해서 우리가 말하는 그 경제적 자유를 이뤄주는 최고의 수단이 됐죠. '돌돌고(돌고 돌아 고시원)'라는 말이 나올 정도로 고시원은 현금 흐름 끝판왕이 되다 보니 그 사이 권리금은 꾸준히 올랐습니다. 물론 적은 투자금으로 오래된 고시원을 인수해 인테리어해서 권리금 시세차익을 볼 수 있는 매물들이 남아 있긴 하지만, 초보 입장에서 운영이 수월하고 따로 손볼 곳 없는 매물을 찾는다면 어느 정도 권리금, 즉 투자금을 염두에 두셔야 합니다.

그렇다면 고시원 총투자금(보증금과 권리금)은 얼마 정도 할까요? 대략 1억 초반에서 4억 후반까지 생각하시면 됩니다. 보통 2억 중반에서 3억 후반까지 매물이 가장 많고 거래가 왕성합니다. 어느 정도 리모델링이 되어있고 바로 운영하면 되는 매물인데 수익은 500만 원에서 1,000만 원까지 다양합니다. 아무래도 투자금이 들어가는 업종이다 보니 개인적으로 제 수강생들에게는 순이익이 500만 원 이하 되는 매물은 추천하지 않습니다. 평균적으로 순이익 600만 원에서 700만 원 사이가 대부분을 차지합니다.

여기서 중요한 점은 고시원은 개별성이 아주 강하게 존재한다는 사실입니다. 실제 인테리어 비용까지 2억 미만을 투자해서 월 800만 원 이상을 벌기도 하고, 3억을 투자해 월 500만 원을 버는 사람도 있습니다. 시장에서는 통상적으로 투자금 1억에 수익 200만 원 정도를 생각하면 된다고 하는데요, 참고하시면 좋을 것 같습니다. 단, 고시원 매물의 개별성이 워낙 강하다 보니 최대한 발품을 많이 팔아 임장 다니면서 매물의 가격 흐름을 파악하시길 당부드립니다. 수익 분석까지 제대로 해서 이왕이면 투자금 대비 수익이 많이 나는 매물을 잘 찾는 것이 중요합니다. 현재까지 제 지인과 강의 수강생들의 100여 건의 계약을 봤을 때 열심히 노력해서 원하는 수익의 좋은 매물을 잘 찾았으니 이 책을 통해 본업보다 탄탄한 파이프 라인을 추가하셨으면 좋겠습니다.

조언은 그 길을 가본 사람에게 듣는 걸로 하시죠

저는 TV에 나오는 사람입니다. 방송 메이크업과 헤어는 선생님 두 분이 동시에 붙어 거의 한 시간이 소요됩니다. 방송 의상도 여러 벌 세팅되어 있고 의상에 맞는 액세서리가 준비되어 있습니다. 마음에 드는 의상을 고르면 코디실 직원들이 착장을 도와줍니다. 생방송 30분 전 스튜디오에 도착해 TV 모니터에 비친 제 모습을 보며 생방송 스탠바이 전 최종 체크를 합니다. 카메라 앞 수많은 조명 아래에서 반짝반짝 빛나는 제 모습은 그토록 바라던 꿈이었습니다.

저는 TV홈쇼핑에서 상품을 판매하는 쇼호스트입니다. 지금은 모바일 커머스 시장이 생기면서 쇼호스트라는 직업이 대중적으로 인식되어 있지만 TV홈쇼핑 쇼호스트 타이틀은 굉장한 희소가치가 있습니다. 홈쇼핑 회사마다 채용하는 쇼호스트의 수는 극히 한정적이고 제한적입니다.

서류면접, 카메라 테스트, 상품 PT, 실무진 면접, 임원 면접까지 많게는 5 차까지 공채시험을 통과해야 쇼호스트가 될 수 있습니다. 홈쇼핑 회사가 몇 안 되는데 보통 한 회사에 쇼호스트는 40명 내외라 경쟁률이 치열할 수밖에 없습니다. 대략 5명 내외의 쇼호스트를 선발하는 데 수많은 사람이 몰립니다. 저는 2004년 〈KBS 꿈의 피라미드〉라는 오디션 프로그램을 통해 쇼호스트로 입사했는데 6명 선발에 2천 명 가까운 사람들이 지원했습니다.

그만큼 쇼호스트는 문턱이 높고 경쟁이 치열한 직업입니다. 생방송에서 대본 없이 상품을 소개하고 짧은 시간 내에 카메라를 보며 눈에 보이지 않는 고객도 설득해야 하는 일인지라 누구나 쉽게 할 수 있는 일은 아닙니다. 대신 힘들게 자격이 주어지는 만큼 급여도 센 편입니다. 대중에게 노출되는 직업이라 그만큼 화려합니다.

그런 쇼호스트가 고시원 청소를 한다고요? 남의 변기를 얼싸안고 요가 하듯 비좁은 고시원 화장실을 청소하고 청바지 무릎이 다 바랠 정도로 복도 바닥이며 주방 바닥을 닦는다고요? 주변 사람들 반응은 어땠을까요?

"아니, 고시원을 한다고? 직접 청소도 다 하는 거야? 사람들 상대는 어떻게 하려고 그러는 건데? 고시원에는 사람들도 많을 텐데 일일이 다 신경 쓸 수 있겠어? 골치 아픈 사람 한 명 잘못 들어오면 얼마나 스트레스받는 일인지 알아?"

다가구 건물 주인 층에 사시면서 여러 세입자를 겪어보신 시부모님은 사람 관리에 특히나 걱정이 많으셨습니다. 그리고 한평생 장사를 하셨던 분들이라 "장사는 아무나 하는 줄 아니? 옛말에 장사하는 사람 똥은 하도 써서 개도 안 먹는다고 그랬다. 그만큼 장사가 힘들다는 이야기야."라면서 저의 첫 사업, 고시원 장사를 반대하셨습니다. 이어서 "아니 지금 잘 먹고 잘 살고 있는데 왜 일을 만드는 거야? 왜 고생을 사서 하려고 그래? 일 키우지 말고 건강이나 잘 챙겨라." 행여 자식 잘못될까 걱정하는 부모님 마음도 충분히 이해는 됐습니다.

주변 사람들의 반응도 거의 비슷했습니다. "네가 무슨 고시원 일을 한다고 그래? 고시원 사는 사람들을 네가 어떻게 상대할 건데? 나중에 분명히 후회한다. 하지 마." 열이면 열 다 반대했습니다. 평소 같았으면 귀가 얇은 편이라 쉽게 설득당했을 텐데 신기하게도 이번만큼은 휘둘리지 않았습니다. 사람들이 반대하면 반대할수록 더 오기가 생겼습니다. 나름 자신감이 꽤나 있었나 봅니다. 그 자신감은 6개월 넘게 고시원 시장을 살펴보면서 수도 없이 매물을 보러 다닌 노력에서 나오지 않았을까 조심스럽게 생각해봅니다. 무엇보다 제 자신감이 근자감(근거 없는 자신감)이 아닌 이유는 곁에서 고시원을 먼저 하고 있었던 두 분의 멘토 덕분이었습니다.

한 분은 대학가 근처에서 코로나로 공실이 넘쳐났지만 위기를 기회 삼아 시설을 보완하여 경쟁력을 갖췄습니다. 일본인 유학생과 대학생들 위주로 입실자들이 채워져 있었는데 대면 수업이 멈추면서 상황이 급격히 나빠졌었죠. 힘든 상황이었지만 대출을 받아 시설 보완 후 금세 만실을 채울 수 있었습니다. 워낙 상권이 좋은 동네여서 학생들 말고도 집처럼 거주하는 장기 입실자들의 수요층도 있었습니다. 코로나 상황에도 고시원은 충분히 가능성이 있었습니다. 돌이켜보면 지금까지 남아있는 고시원은 한자리에서 20년, 30년 상권을 버텨낸 곳입니다. 대부분의 고시원이 역세권에 위치해 있고 또 역세권이 아니더라도 주변에 인프라가 잘되어 있어서 지금까지 버틴 고시원은 입지 좋은 곳에 주로 위치해 있습니다. 그래서 깨끗하게 관리된 시설 좋은 고시원이라면 사람들이 몰릴 수밖에 없습니다. 이 모든 과정을 지켜보며 고시원 사업을 면밀히 배울 수 있었습니다. 또 다른 멘토는 이미 만실을 채우고 두 번째 고시원을 운영 중이었습니다.

이 두 분은 고시원 사업의 매력에 푹 빠져 있었습니다. 초반에 세팅을 잘해 놓으면 일주일에 두세 번만 가도 되고, 가서도 2시간 안에 일이 다 끝나는 매력적인 사업이라고 말했습니다. 하루 종일 매여 있지 않아도 매일매일 자는 동안에도 돈이 들어오는 사업이라고요.

또한 고시원은 건물주가 가장 좋아하는 업종 중 하나였습니다. 일반 상가와 달리 손님들은 거주의 목적으로 집처럼 살고 있는 곳이기 때문에 아주 특별한 이유를 제외하고는 상가 공실이 생길 수 없습니다. 따라서 임대인 입장에서 임차인 공실 걱정을 할 필요가 없습니다. 월세가 따박따박 들어오고 임차인 구하기도 쉽습니다. 이 말은 무슨 뜻일까요? 엑시트 하기에도 좋은 사업이란 겁니다. 공급은 어렵고 수요는 많은 사업이다 보니 고시원 매물을 말도 안 되게 비싼 가격으로 내놓지만 않으면 빠르게 거래가 됩니다. 내놓은 지 반나절 만에 양도양수 계약이 성사되기도 합니다. 제 매물의 경우 권리금이 많이 오른 시점에서 첫 번째 고시원을 양도했는데 이틀 만에 양수자 연락이 왔고 바로 계약이 됐습니다.

이런 과정들을 옆에서 지켜보면서 직접 고시원을 운영하고 있는 원장님께 현장에서 조언을 들으니 찰떡같이 귀에 달라붙었습니다. 그리고 고시원을 반대했던 분들의 조언은 한 귀로 듣고 한 귀로 흘려보냈습니다. 어찌 보면 당연한 이치이지 않을까요? 조언은 이미 그 길을 가본 사람들에게 들어야 합니다. 고시원 사업을 전혀 경험해보지 않은 분들의 조언은 나의 새로운 도전과 실행에 걸림돌이 될 수 있습니다.

여기서 중요한 건 투자금이 한두 푼이 아니기 때문에 모든 것을 경계하고 돌다리도 두드려보고 건너는 심정으로 일을 진행해야 합니다. 저는 제 곁에 성공한 두 분의 멘토가 있다고 해서 그분들의 사례만 보지 않았습니다. 고시원 성공 사례와 실패 사례를 온라인 오프라인에서 최대한 끌어모았습니다. 그리고 왜 돈 되는 고시원 사업을 실패했는지도 분석했습니다. 저를 아끼는 지인들의 정성 어린 조언은 이런 의미였을 것입니다. 그러니 자만하지 않고 제대로 공부하고 심사숙고 해야 합니다.

고시원 안정기에 들어서고 한 번씩 이런 생각을 했습니다. '그때 주변 사람들 만류로 시작도 못 했다면 어떻게 됐을까… 난 여전히 방송 캐스팅 개수에 울고 웃고 제자리걸음을 하고 있었겠지?' 방송 개수가 수입으로 직결되다 보니 제 컨디션이 휘둘리는 상황이 정말 싫었습니다. 아마도 그 생활을 지금도 하고 있었겠죠? 고시원을 하면서 부수입이 주수입을 뛰어넘으면서 저는 방송 스케줄에 자유로워졌습니다. 혹시나 방송 개수가 적어질까 제대로 주휴도 못 냈었는데 이젠 아무 걱정 없이 주휴 신청을 합니다. 자존감이 올라가고 오히려 회사 일에 더 집중할 수 있었습니다. 회사 이슈에 연연하지 않고 저는 제 할 일만 잘하면 됐습니다. 고시원에 무인 시스템을 갖춰 놨고 시간은 여유로워졌습니다. 현금 파이프라인을 하나 더 만들려고 시작한 일인데 오히려 회사에 더 집중할 수 있었고 일을 더 즐길 수 있게 됐습니다. 만약 그때 아무것도 시도하지 않았다면… 어휴 생각조차 하기 싫습니다. 행여나 일 잘못될까 걱정하는 그 마음만 충분히 감사하게 받으면 됩니다.

고시원 강의를 하다 보면 많은 분들이 가족들 반대를 못 이겨 시작도 못 하는 경우가 많습니다. 그리고 다시 찾아오셔서 그 사이 권리금이 많이 올랐다고 너무 아깝다고 그때 못 한 걸 너무 후회한다고 하십니다. 물론 예전에 비해 고시원 권리금이 많이 올라 시세차익을 드라마틱하게 볼 수 있는 상황은 어려워졌지만 여전히 잘만 찾으면 디벨롭해서 권리금 차익을 볼 수 있는 고시원이 나오고 있습니다. 시세차익이 어렵더라도 다른 업종에 비해 권리금 손해 없이 임차인 구하기가 쉽고 무엇보다 고시원은 현금 흐름의 끝판왕입니다. 아직 늦지 않으셨습니다. 주변의 말에 휘둘리지 말고 제대로 준비해서 실행하시면 됩니다.

사업 처음이세요?
멘토는 필수입니다

    제가 계약한 첫 번째 고시원은 당시 룸 절반 이상이 텅텅 빈 매물이었습니다. 월세, 공과금, 운영비 빼고 나면 남는 게 하나도 없었지만 방 사이즈도 크고 외창 비율도 현저히 높아 방 벽지, 바닥 교체하고 공용 공간을 깔끔하게 꾸미면 방 가격도 충분히 올릴 수 있을 거라 판단했습니다. 방 가격을 높이고 만실을 만들면 순이익도 늘어나고 양도할 때 권리금도 훨씬 높게 팔 수 있습니다. 권리금이 낮고 공실이 많은 상황이어서 현금흐름과 동시에 시세차익까지 크게 잡을 수 있는 꽤나 매력적인 매물이었습니다.

    물론 코로나 이슈도 있었고 불안한 마음이 컸지만 곁에서 도와준 두 분의 멘토 덕에 용기를 낼 수 있었습니다. 첫 번째 멘토 앵듀님은 제가 고시원 사업에 관심 있다고 하자 바쁜 일정에도 시간을 내줬습니다. 아이 키우면서 부동산 투자도 하고 강의도 하고 바쁘게 지내는 분인데 본인의 경험을 조건 없이 공유해 주셨죠. 제가 만난 첫 번째 기버였습니다.

우리가 만나기로 한 날, 그녀는 파일에 두툼한 뭔가를 가지고 나왔습니다. A4 용지에는 임장 다녀온 매물의 정보와 느낀 점 등이 상세히 적혀 있었습니다. A4 용지 하나에 매물 하나씩 구체적인 정보가 담겨있었습니다. 그리고 다시 임장 다녀온 여러 매물을 투자금, 매출, 월세, 현 순이익, 방 개수, 방 사이즈, 외창, 내창 비율 등 다양한 항목을 만들어 한눈에 보기 좋게 도식화해 가장 좋은 매물을 가려냈습니다. 항목별로 수치화해 점수를 주니 최고점이 나온 매물을 선택하면 되는 거였죠. 저와는 다르게 매우 치밀하고 분석적이었습니다. 이렇게 많은 매물을 보러 다니고 매물마다 항목별로 점수를 매겨 가장 좋은 매물을 계약하니 실패를 안 할 수밖에요.

앵듀님을 보니 확신이 들었습니다. 이렇게 준비하면 불안한 마음이 확신으로 바뀔 수 있을 것만 같았습니다. 그리고 이미 고시원을 성공적으로 운영하는 모습을 보니 저도 잘 해낼 수 있겠다는 자신감이 생겼습니다. 앵듀님은 본인이 작성했던 자료들을 아무 대가 없이 제게 건넸습니다. 저는 고시원 창업에 있어 족보 같은 이 귀한 자료들을 보면서 더 체계화된 방법으로 임장을 했고 매물 분석도 더 디테일하게 할 수 있었습니다. 이런 방법으로 매물을 보다 보니 매물 보는 기준이 생겼고, 정말 좋은 매물을 만났을 땐 불안감보다는 설레는 마음이 앞섰습니다.

양천구에 있는 1호점 고시원 임장 다녀오자마자 '이거다.'라는 확신이 생겼고 바로 앵듀님에게 흥분되는 마음과 함께 고시원 매물 사진과 스펙 등을 전송했습니다. 아직도 기억납니다. "제 뇌피셜로 봤을 때 85% 이상 괜찮은 물건이네요." 그녀의 감은 완벽했습니다. 1호점 오픈 이후에도 지인들, 수강생들 매물 보느라 꾸준히 임장을 다녔는데 1호점 만한 컨디션의 고시원을 보지 못했습니다.

　건물주가 운영했던 통건물 고시원이었고 큰 방 사이즈에 외창 개수가 압도적으로 많아 수익률도 좋았고 방이며 복도며 공용 공간도 시원시원했습니다. 채광이 충분히 들어오고 환기가 잘될 뿐만 아니라 튼튼한 벽 돌벽에 소음도 덜했고 1층 휴게실은 주방뿐만 아니라 건조대 여러 개와 6인 테이블도 여유롭게 놓일 정도였습니다. 저는 추가로 건조기를 비치했고 세탁기가 들어가 있어도 공간이 충분했습니다. 2층과 3층에 객실이 있고 1층이 공용 공간이어서 소음 문제도 없었습니다. 조금만 걸어 나가면 큰 도로가 나왔고, 이면 주택가에 학교를 마주하고 있어 동네가 조용하고 쾌적했습니다. 바로 인근에는 유명한 입시학원이 있어 일반인 손님뿐만 아니라 1년 장기로 있는 입시생 수요도 많았고 올리브영, 스타벅스, 편의점 등 편의 시설도 충분했습니다. 신설이나 고액의 프리미엄 고시텔을 제외하고 전 지금도 1호점보다 좋은 조건의 매물을 거의 보지 못했습니다.

　아무것도 몰랐던 제가 이렇게 귀한 매물을 얻을 수 있었던 건 결국 저의 멘토 덕분이라고 생각합니다. 생긋생긋 웃는 모습이 예쁜 앵듀님은 긍정에너지를 뿜어내며 기버의 모습을 그대로 보여줬습니다. 그리고 제가 그녀에게 도움받은 것처럼 누군가 제 도움이 필요할 때 조건 없이 나누고 싶은 마음을 가슴에 꼭 담았습니다.

앤듀님이 매물 보는 눈을 길러줬다면 창업멘토링 수업에서 만난 레이시님은 시장 조사하는 방법을 가르쳐줬습니다. 아직도 기억이 생생합니다. 레이시님이 직접 운영하고 있는 고시원을 둘러보며 감탄하고 또 감탄했습니다. 4층짜리 통건물 고시원을 리모델링해 만실 운영 중이었는데 고시원은 청소서비스업이면서 시설업이라는 걸 이때 알았습니다. 호텔 못지않은 인테리어에 쾌적하고 정돈된 공간이 당장 저라도 살고 싶어졌습니다. 고시원 밸류업이 얼마나 중요한지 알게 됐고 근처 카페에서 더 많은 이야기를 나눴습니다. 오랫동안 고시원을 운영한 베테랑이었기에 피가 되고 살이 되는 조언들을 들려주셨습니다. 특히 시장 조사의 중요성을 알려주셨습니다. 시장 조사는 해당 매물의 공실 상황을 체크하고 입실자 수요가 많은 곳인지 알아보는 중요한 과정이었습니다. 또한 주변 고시원 룸컨디션과 방 가격 등도 꼼꼼하게 조사해야 했습니다.

마음에 드는 고시원 매물이 있으면 해당 매물의 공실 파악에만 급급했는데 돌이켜보니 주변 고시원 공실 파악이 더 중요했습니다. 주변 고시원이 전체적으로 공실이 많다면 고시원 수요가 적은 입지이기 때문에 꼭 체크해야 합니다. 또 주변에 고시원이 많아 경쟁이 심한 상황이라면 어떻게 경쟁력을 키워야 할지도 고민해야 했습니다. 이뿐만인가요, 지역에 따라 원룸(화장실이 있는 방)과 미니룸(화장실이 없는 방) 수요가 달라서 이 부분도 체크해야 했습니다. 그리고 고시원은 결국 시설업이기 때문에 최대한 권리금이 적은 매물을 잡아서 인테리어에 힘을 쓰고 방 가격을 올려야 한다는 것과 시설 관리도 신경 쓸 일이 많으니 마음을 단단히 먹어야 한다는 것을 배웠습니다.

두 분 다 고시원을 운영하고 계셨기 때문에 저는 천군만마를 얻은 듯 든든했습니다. 고시원 운영하면서 힘든 일이 생기면 언제든 알려주실 분이 있다고 생각하니 큰 의지가 됐습니다. 아무리 제가 많은 공부를 하고 충분한 준비 기간이 있었다 하더라도 이분들이 계시지 않았으면 시작도 못 했을 일입니다. 사람들은 말합니다. 사업은 아무나 하는 게 아니라고. 더군다나 그 사업이 고시원이면 다들 도시락 싸 들고 말릴 판입니다. 하지만 제게는 고시원을 운영하고 있는 멘토가 곁에 있었으니 용기 낼 수 있었습니다.

1호점을 오픈하고 곁에서 많은 지인들이 저를 통해 고시원 사업을 알게 됐습니다. 처음엔 호기심으로 물어보다 순이익을 들으면 눈이 동그래지고, 한참 놀란 뒤 어떻게 하면 고시원을 할 수 있는지 진지하게 물어봅니다. 진심으로 사업에 뛰어들 의지가 있는 사람들에게는, 제가 받았던 것처럼 조건 없이 하나부터 열까지 알려줬습니다. 당시 기본 컨설팅비가 천만 원 이상 한다고 들었습니다. 컨설팅해줄 처지는 아니었지만 제가 경험했던 모든 노하우는 공유할 수 있었습니다. 부동산에서 고시원 매물 브리핑을 받으면 같이 수익 분석해주고 임장 갈 때 따라가서 어떤 게 좋은지 조언은 해줄 수 있었습니다. 권리 계약 때 동행해서 이것저것 빠진 특약은 없는지 함께 체크했습니다. 그들은 저를 멘토로 삼아 고시원 사업에 뛰어들었고 기대했던 수익을 일으켰습니다. 컨설팅 없이 제 도움으로 가족, 친구, 회사 동료들까지 가까이 있는 지인들만 14건 이상의 계약을 성사시켰습니다.

이때만 해도 저 역시 고시원을 운영한 지 얼마 안 된 시점이었습니다. 놀라운 건 그 14건의 고시원 매물에서 발생하는 문제들을 함께 해결하면서 제게는 노하우가 쌓이기 시작했습니다. 제 고시원만 운영했다면 몰랐을 일입니다. 권리금 협상부터 누수, 보일러, 하수구 문제, 운영 방법, 미납 입실자 관리 등 고시원 계약과 운영에 있어서 혼자만 알고 있기에는 아까운 정보들이 모였고 저는 이 경험들을 바탕으로 고시원 유튜브를 개설했습니다.

평소에도 유튜브 채널 하나쯤은 가지고 싶었는데 어떤 아이템으로 할까 고민 중이었습니다. 사람들은 돈에 관심이 많으니 수익형 부동산의 꽃 '고시원'으로 저를 알려보자 생각했습니다. 비싼 컨설팅비 지불하지 않아도 내 지인들은 실패 없이 고시원을 잘 운영하고 있기에 그 노하우를 다 알려주자고 다짐했습니다. '사기당하기 쉬운 폐쇄적인 고시원 시장에서 내 영상만 보고도 고시원 창업을 할 수 있도록 도와주자.' 딱 이 마음이었습니다. 채널 개설 당시 제가 고시원 창업 강의를 한다는 건 상상도 못 했고 스스로도 깜냥이 안 된다고 생각했습니다. 그런데 감사하게도 사람들은 관심을 보여줬고 영상이 누적될수록 구독자분들의 강의 요청이 이어졌습니다. 감사한 마음에 원데이 특강을 준비했는데 반응이 좋아서 정규 강의를 론칭하게 됐고 두 달에 한 번씩 꾸준하게 오프라인 강의를 진행 중입니다. 제 강의는 개인 블로그로 모집하는데 대부분 1시간 안에 조기 마감이 됩니다. (이 자리를 빌려 해나경 고시원 클래스를 선택해주신 많은 수강생분들께 감사드립니다.) 수강생들은 강사가 아니라 멘토를 원합니다. 강의만 듣고 끝나는 관계가 아니라 지속적으로 소통하면서 의지하고 기댈 수 있는 멘토. 언제든 질문할 수 있고 이야기 나눌 수 있는 멘토 말입니다. 저는 저를 선택해준 분들에게 좋은 멘토가 되고 싶습니다. 제가 받았던 것처럼 수강생뿐만 아니라 이 책을 선택해준 감사한 분들에게도 좋은 멘토가 되어드리고 싶습니다.

고시원 창업만이 가지는
매력적인 시스템: 무인 운영

전 향긋한 풀 내음을 좋아합니다. 특히 긴긴 겨울을 이겨내고 싹을 틔어낸 봄 특유의 초록 잎들을 좋아하고 그 향긋한 풀 내음을 좋아합니다. 초록 잎들을 반짝반짝 빛나게 하는 따스한 봄 햇살도 좋습니다. 거기에 살랑이는 바람까지 불어주면 가던 길을 잠시 멈추고 겨울을 이겨낸 봄 특유의 온기와 바람과 풀 내음을 한껏 느껴봅니다. 저는 이때 여행 욕구가 밀려옵니다. 아무것도 하지 않고 여행자의 설레는 마음으로 자연을 한껏 느껴보고 싶습니다. 그래서 어디든 자연이 있는 곳으로 떠나고 싶은 충동을 느낍니다. 하지만 현실은 회사로 출근. 먹고살려면 돈을 벌어야 하니까요.

만약 제 의지대로 자유를 누릴 수 있는 힘이 있다면 저는 출근길이 아닌 여행길을 선택했을 것입니다. 제 의지대로 제가 선택할 수 있는 자유를 얻고 싶었습니다. 돈에 구애받지 않는 자유를요. 돈으로부터 자유로워진다는 것, 그 자유를 누릴 수 있다는 것, 상상만으로도 달콤합니다. 돈의 구애를 받지 않고 제가 하고 싶은 일만 하면서 산다는 건 얼마나 행복한 일일까요?

제 직업은 TV홈쇼핑 쇼호스트라 횟수로 따지면 거의 매일 생방송 진행을 합니다. 녹화방송이 아닌 생방송이라서 방송 펑크는 상상조차 할 수 없습니다. 쇼호스트는 많은 이들의 수고와 노력으로 만들어진 제품을 최전방에서 판매하는 사람입니다. 상품 하나를 개발하기 위해서 제조사는 얼마나 많은 비용과 시간을 투자했을까? 담당 MD는 상품을 방송에 올리기 위해 얼마나 많은 노력을 기울였을까? 홈쇼핑과 제조사의 브릿지 역할을 하는 벤더도 수많은 노력을 기울였을 것입니다. 그렇게 탄생한 상품을 론칭해야 하는데 갑자기 제가 펑크라도 낸다면? 꿈에서도 상상하기 싫습니다. 저는 목에 칼이 들어와도 생방송을 해야 하는 사람입니다.

새벽 1시부터 오전 6시까지 심야 재방송 시간을 제외하고 캐스팅이 나오면 생방송을 해야 합니다. 새벽에도, 낮에도, 밤늦게도 스케줄에 맞춰 출근해야 합니다. 홈쇼핑은 365일 내내 방송을 하다 보니 공휴일은 의미가 없고 방송 없는 날이 휴무일이 됩니다. 쉬는 날 방송 미팅 일정이라도 잡히면 또 출근을 해야 하죠. 근무 시간이 규칙적이지 않다 보니 제약도 많이 따릅니다. 쉬고 싶어서 방송을 빼면 방송 개수가 줄어들어 월급도 줄어듭니다. 한창 일할 시기에는 다른 쇼호스트들에게 밀리는 게 싫어

쉬고 싶어도 쉴 수 없었습니다. 회사마다 다르고, 수시로 정책이 바뀌기도 하지만 쇼호스트 재계약 평가에서 중요한 항목 중 하나는 방송 개수였습니다. 20년 넘게 치열하게 자리 지키느라 지칠 대로 지쳤다고 해야 할까요?

끔찍하게 좋아하는 일이 진짜 끔찍해질까 봐 저는 좋아하는 일을 즐기기 위해 다른 파이프라인을 찾았습니다. 눈치 볼 것 없이 쉴 땐 쉬면서 방송에 더 집중하고 싶었습니다. 그러려면 제 몸이 하루 종일 묶이지 않는 일이어야 했고 쇼호스트 일에도 방해가 되지 않는 일이어야 했습니다. 홈쇼핑회사에 몸담고 있다 보니 판매와 관련된 모든 일에는 제약이 따랐습니다. 무엇으로 돈을 벌어야 할지 돌고 돌아 고시원으로 안착했는데 가장 결정적인 이유는 오토로 운영이 가능하다는 것입니다. 매일 통장에 입금이 되고 현금 흐름이 꾸준히 이어진다는 것. 그리고 시세차익까지 볼 수 있어 목돈을 벌 수 있다는 것이 굉장히 매력적이었습니다. 저도 귀에 못이 박히도록 들은 '자면서도 통장에 돈이 들어오게 만들어야 한다.'라는 말을 고시원으로 실현시킬 수 있었습니다.

제 고시원 강의를 듣는 많은 분들이 본업을 가지고 있으면서 고시원을 운영합니다. 출근 전이나 퇴근 후에 잠시 들러 청소를 하거나 은퇴하고 적적해하시는 부모님께서 소일거리로 청소하시면서 운영을 하기도 합니다. 다른 사업을 하면서 동시에 고시원을 하는 분들도 계십니다. 무인 시스템을 갖추고 청소를 외주로 돌리거나 사람을 고용해서 운영하면 주에 한 번 정도 잠시 들러도 운영이 되기 때문에 전혀 본업에 지장을 받지 않고 운영할 수 있습니다. 저희 수강생 분들 가운데 본 직업을 가지고 2개씩 운영하시는 분들도 많이 계십니다. 저는 프리랜서라는 직업의 특성상 고시원을 병행하기가 수월할 거라 생각했는데 고시원 업무를 파악하고 보니 일반 직장인분들도 도전할 수 있는 분야였습니다. 본업에 지장을 준다면 당장이라도 고시원을 그만둘 생각이었는데 시간을 뺏기지 않고 안정된 두 번째 소득이 생기니 오히려 본업에 집중할 수 있었습니다. 돈이 조금 더 들더라도 외주에 청소를 맡기고 무인 시스템을 만들어 놓으니 제 시간이 확보됐습니다. 책을 더 읽을 수 있었고 다른 분야 공부도 가능해졌습니다. 오히려 더 부가가치가 높은 일을 하면서 또 다른 파이프라인을 만들 수 있었습니다.

저는 쇼호스트 본업에 고시원을 운영하고 현재 홍대에서 중대형 파티룸과 은평구에서 무인 카페도 운영하고 있습니다. 고시원에서 나오는 수익으로 대출 이자를 내며 마포구 역세권에 4층짜리 건물 신축도 하고 있습니다. 고시원을 3개 운영 후 3년 만에 이뤄낸 결과물입니다. 본업에 지장을 주지 않으면서 퇴사 이후의 삶을 미리 고민하고 또 실행까지 할 수 있는 아이템 고시원에 대해 차근차근 설명해 보겠습니다.

신소방법, 유행 없고
공급 어려운 고시원 사업의 비밀

　창업을 하겠다고 결심했을 때 가장 불안한 건 딱 한 가지. '망하면 어떡하지?'였습니다. 장사 잘되는 입지를 고르고 골라 인테리어에 힘도 주고 충분히 투자해서 과감하게 창업했는데 바로 건너편에 비슷한 업종이 생겼다면? 더 넓고 더 좋은 매장이 생겼다면? 물론 저만의 고유한 경쟁력이 있다면 이야기는 달라질 수 있지만 프랜차이즈 매장이거나 이렇다 할 차별점이 없다면 결과는 불 보듯 뻔할 것입니다.

　제가 고시원 업종을 선택한 결정적인 이유는 '고시원은 망할 수 없는 구조'라 생각했기 때문입니다. 물론 100% 망하지 않는 사업이 어디 있겠습니까? 투자금을 회수 못 하고 나오거나 월 순이익이 마이너스가 될 수도 있습니다. 애초에 사기성 짙은 부동산에 작업을 당해 권리금을 높게 주고 진입했거나 무인 운영이 가능한 업종이다 보니 관리에 신경 쓰지

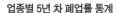

업종별 5년 차 폐업률 통계

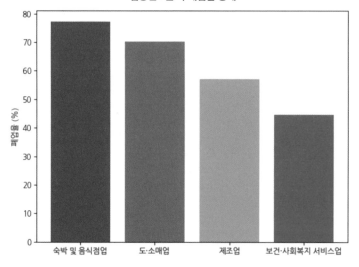

출처 2023년 국내 사업자 폐업률 분석 및 대책보고서 "한국 자영업 위기의 해법: 폐업률 감소를 위한 정책적 방안" (KCCI 한국소비자인증 시장조사팀)

지난해 자영업자 10곳 창업하는 동안 8곳 문 닫았다

'창업 대비 폐업 비율' 10년새 가장 높아
지역별 폐업률도 전국 모두 올라

조재현 기자
업데이트 2024.09.12. 14:14 ⌄

◁》 가 ▭

출처 조선일보

않는다면 공실이 많아지면서 손실이 생길 수 있습니다. 이렇게 아주 특별한 경우를 제외하고 충분히 고시원 매물을 임장 다니면서 시장 흐름과 권리금 시세를 파악했다면, 정확히 매물을 분석해 수익 구조를 계산해봤다면 투자금을 회수하지 못하거나 순이익이 마이너스까지 가는 일은 벌어지지 않습니다. 이런 부분은 사전에 체크할 수 있습니다. 설령 고시원 매물을 잘못 잡았다 하더라도 공격적으로 마케팅에 집중하면 방은 채울 수 있습니다. 얼마든지 핸들링을 할 수 있는 부분입니다.

하지만 바로 옆 건물에 훨씬 방 사이즈도 넓고 인테리어도 예쁘고 공용 공간, 편의시설도 훌륭한 고시원이 생겼는데 가격이 똑같다면? 이야기는 달라집니다. 작은 카페를 오픈했는데 커피가 더 맛있고 다양한 빵이 가득한 베이커리 카페가 바로 옆 건물에 생겼다면? 그건 아무리 노력해도 극복할 수 없는 부분입니다. 의지로 어떻게 할 수 있는 일이 아닙니다. 보통은 이런 상황에서 '망했다.'라는 표현을 쓰지 않을까요? 비슷한 업종이 영업장 근처에 우후죽순으로 생기고 하루 종일 가게에 매여 있어야 하고 직원, 아르바이트생 구하고 관리하느라 고생해야 하고. 생각만 해도 아찔한 일입니다. 장사만 잘된다면 하루 종일 가게에 매여 있어도 되고 아르바이트생 구하는 것도 인건비를 올려주면 해결할 수 있습니다. 하지만 동종업종이 생겨 공급이 늘어나는 건 내 노력으로 어떻게 할 수 없는 일입니다.

자, 그럼 본론으로 들어가겠습니다. 결론부터 말씀드리면 입실자 수요는 갈수록 많아지지만 고시원 공급은 현실적으로 어려운 상황입니다. 그래서 망하기 힘든 구조라는 표현을 썼습니다. 더불어 인구가 감소하면서 지방에서는 일자리도 경제활동도 줄어들고 있어 "먹고살 게 없다."라는 말을 합니다. 아무래도 더 많은 기회가 있는 서울과 수도권으로 이동하게 되겠죠. 하지만 서울 집값은 하늘 높은 줄 모르게 치솟고 전세보증 사기로 보증금조차 불안합니다. 원룸 월세에 관리비, 공과금까지 생각한 다면 거주비 부담감은 어마어마 하겠죠. 하지만 고시원은 어떨까요? 평균 10만 원 보증금에 한 달 40만원 정도의 월세로 전기세, 수도세, 난방비에 인터넷까지 무료로 사용할 수 있습니다. 그뿐인가요? 쌀, 김치, 라면에 커피까지 제공받을 수 있습니다. 예전과 달리 쾌적하고 깔끔하게 관리도 잘됩니다. 이러니 고시원으로 사람들이 몰릴 수 밖에 없겠죠.

이렇게 입실 수요는 높아지는데 고시원 공급은 어떨까요? 안 그래도 공사비가 천정부지로 올라가고 있는 상황인데 비싼 원자재에 소방시설을 갖추려면 더 많은 자금이 투여되어야 합니다. 고시원 시공할 때 소방필증(소방완비증명서)을 받으려면 신소방법 필요 요건을 다 충족시켜야 하는데요, 이렇게 하면 시설은 좋아질 수 있으나 방값은 한없이 오를 수밖에 없습니다. 허가받을 수 있는 면적과 방 개수가 한정되어 있고 방 크기는 넓혀야 합니다. 모든 방에는 채광이 드는 넓은 창이 있어야 하고 복도도 넓어야 합니다. 또한 더 많은 제약 조건들이 있다 보니 이러한 기준에 맞춰 공사를 하다 보면 투자금액이 많이 들어갈 수밖에 없습니다. 결과적으로 고시원을 신설하게 되면 순이익이 줄어들 수밖에 없습니다. (신소방법에 대한 법률적 기준은 후에 설명하겠습니다.)

이런 이유로 신소방법에 따른 신설 고시원은 방 가격이 100만 원을 웃도는 곳도 많습니다. 시공비는 그렇다 쳐도 고시원으로 영업하려면 인프라가 좋은 곳이어야 하고 100만 원 이상씩 주고 사는 입실자를 구하려면 일자리가 많은 서울 핵심 지역이어야 할 텐데요. 그런 토지를 쉽게 찾을 수 있을까요? 찾았다 하더라도 그 땅값 또한 어떻게 감당할까요?

물론 토지 매입을 하지 않고 용도변경으로 상가를 임차 받아 다른 업종에서 고시원으로 바꿀 수도 있지만 똑같이 신소방법을 적용받아야 합니다. 더군다나 건물주 허락까지 받아야 합니다. 신소방법에 따르면 모든 호실에 커다란 채광창을 만들어야 하는데 어떤 건물주가 쉽게 오케이 해줄지도 의문입니다. 만일 신설을 했다 하더라도 방 개수를 많이 뽑을 수 없기 때문에 공실이 한두 개 생기면 방 가격이 비싼 만큼 리스크도 큽니다. 입지 좋은 곳은 공실 걱정 없이 만실 운영을 할 수도 있습니다만, 항상 예외를 염두에 두어야 합니다.

고시원에 조금이라도 관심이 있었다면 고시원 매물은 최소 10년 이상, 대부분 20~30년 이상 된 사업장이 많다는 걸 알 수 있습니다. 오랜 세월 동안 한자리를 지켜냈다는 것은 꾸준히 영업도 잘되고 그만큼 폐업 리스크가 적다는 뜻입니다. 신설 고시원이 우후죽순 생겨났다면 한 상권에서 그렇게 오랜 세월을 버티기는 어려웠겠죠. 또한 신소방법 적용을 받은 신설 고시원은 입실료가 최소 80만 원 이상씩 책정될 텐데요. 그래서 20만 원대에서 40만 원대까지 손님이 가장 많은 일반 고시원과는 입실자 타깃이 애초에 달라 큰 지장을 받지 않습니다. 한 말씀 더 드리면, 신설 고시원의 경쟁자는 같은 고시원이 아니라 오피스텔이나 빌라 원룸이라 크게 겹치지 않습니다.

다중이용업소의 안전관리에 관한 특별법 시행 규칙

〈개정 2024. 4. 12.〉

안전시설등의 설치 유지 기준(제9조 관련)

구분	주요 내용	세부 기준
소방시설	소화기	각 방마다 반드시 비치
	간이스프링클러	모든 방에 헤드 설치
	비상벨/화재탐지기	각 방마다 설치 필수
피난설비	피난기구	2층 이상 시 비상구에 사다리 설치
	피난통로	복도 폭 120cm 이상 (출입문 피난 방향 시 150cm)
	유도등/조명	방과 복도마다 설치, 휴대용 비상조명등 비치
비상구	크기	가로 75cm×세로 150cm 이상
	위치	주 출입구 반대 방향, 출입구간 거리는 대각선 길이 1/2 이상
	문 구조	내화 재료, 피난 방향으로 열림
창문	크기/수량	가로 50cm×세로 50cm 이상, 각 층 1개 이상
	설치 위치	피난통로/복도와 연결된 공간
추가 안전조치	영상음향차단장치	화재 시 자동 차단
	보일러실 방화구획	방화문 및 방화댐퍼 설치
면적	고시원 면적	500㎡(약 150평) 초과 ×

PART 2

고시원 사업의 성패는
결국 내가 결정합니다

사업을 시작할 때 우리는
태도부터 달라야 합니다

성공이라고 말하기에는 한없이 부족하지만 짧은 시간 동안 저는 생각
지도 못한 성과를 냈습니다. 양천구에 첫 번째 고시원을 인수했고 이듬
해 마포구에 두 번째 고시원을 인수했습니다. 영등포구에 세 번째 고시
원을 오픈하면서 리모델링 공사비가 생각보다 많이 나와 마포구에 있는
고시원을 정리했는데요. 무권리에 인수해 권리금 6천 만원에 양도했습
니다. 남은 두 개 고시원을 운영하면서 한 달에 4천만 원 가까이 매출을
냈고 월 2천만 원 가까운 현금 흐름을 만들어 냈습니다. 그렇게 되면서
양천구에 있는 고시원을 양도하면 신축 사업까지 가능해질 거란 희망이
보였습니다. 결국 시세차익까지 누리게 해준 1호점 고시원 덕분에 경의
선 숲길 옆, 마포구 역세권에 제 땅을 갖게 됐고 제 건물이 올라가고 있습
니다. 충분히 고시원 수익으로 대출 이자를 감당할 수 있었기 때문에 건

물주의 꿈을 현실로 만드는 용기를 낼 수 있었습니다. 저는 고시원 원장에서 건물주가 됐고, 지금도 영등포구에 있는 고시원으로 월 현금 흐름을 최소 천만 원 이상 얻고 있습니다.

고시원이 무인 운영이 가능하다 보니 다른 사업에도 눈길을 돌렸습니다. 홍대입구 메인상권에 중대형 루프탑 파티룸을 운영하고 있고 은평구에 무인 카페도 성업 중에 있습니다. 여기에 고시원 정보를 나누기 위해 유튜브를 개설했고 자연스럽게 강의로 이어지면서 강의 수입까지. 쇼호스트 월급 하나에만 의존했던 제가 고시원, 건물 임대, 파티룸, 카페, 강의까지 5개의 파이프라인이 더 늘어났습니다. 2021년 7월, 첫 고시원 계약하던 당시만 해도 순이익 월 300만 원이 목표였습니다. 월에 300만 원만 나와도 더할 나위 없겠다고 말했던 저에게 어떻게 이런 일이 벌어진 걸까요?

고시원으로 돈을 벌어보겠다고 뛰어들었을 때 저는 사업 지식이 아예 없는 사람이었습니다. 사업 수완이 있는지도 몰랐습니다. 부동산 입지를 어떻게 보는지도 몰랐고 인테리어, 마케팅 등 할 줄 아는 게 하나도 없었습니다. 지나고 보니 저는 운도 좋았고 타이밍도 좋았지만 결국 모든 시작과 끝은 책과 사람이었습니다.

저는 평소 독서 편식이 심한 편입니다. 잘 읽히는 책과 동기부여 해주는 책을 좋아해서 주로 자기계발서 위주로 읽는데요, 경제 경영 서적과도 교집합이 많아서 자연스럽게 돈을 많이 버는 사람들의 가치관을 책을 통해 배우게 됐습니다. 책을 통해 기업가적 마인드도 조금씩 채워지고 있었나 봅니다. 뜬금없이 책 이야기를 한 이유는 책 덕분에 고시원 사업의 시작이 다른 사람들과는 달랐기 때문입니다.

남들이 하는 그런 똑같은 고시원 말고 제 고시원을 하나의 브랜드로 만들고 싶었습니다. 그래서 '해가 나듯 따뜻한 공간, ○○하우스'라는 슬로건도 만들고 상호도 바꾸고 로고도 디자인했습니다. 룸투어 오시는 손님마다 정중하게 명함을 건네고 관리된 고시원이라는 이미지를 심어줬습니다. 비전과 철학을 운운하기엔 다소 민망하기도 하고 거창했지만 저는 제 고시원으로 더 큰 비전을 그리고 싶었습니다. 고시원 사업을 프랜차이즈화해서 확장해보겠다는 비전이 아니었습니다. 비전과 철학이라는 용어를 썼지만 결국 사업을 대하는 저의 마음가짐이었습니다.

제 서비스를 받고 제 고시원에 거주하시는 분들이 소소한 행복을 느끼길 바랐습니다. 불편하지 않고 편안하게 살기를 원했습니다. 생각보다 많은 고시원들이 노후된 건물도 많고 몇몇 운영자들이 공과금을 아끼려다 보니 입실자들이 여름에는 더워서 고생, 겨울에는 추워서 고생을 합니다. 제 고시원에서만큼은 여름에는 시원하게 겨울에는 따뜻하게 지내셨으면 좋겠다는 마음이 먼저였습니다. 고시원에서 머물면서 '내가 사는 고시원은 다른 곳하고는 달라, 이런 건 호텔에서나 받는 서비스 아냐? 대우받는 기분 참 좋다…' 이런 마음이 들었으면 좋겠다고 생각했습니다. 당장 제 수익도 중요하지만 그보다 더 중요한 건 제 고시원에서 지내는 분들의 만족감이었습니다. 밖에서 힘들게 일하고 지쳐 퇴근해 집으로 돌아올 때 고시원이 아닌 호텔 느낌을 드리고 싶었습니다.

1층 입구에도 고시원에서 보기 힘든 자동문을 설치했고 호텔 로비 같은 느낌을 조금이라도 더 주려고 노력했습니다. 실내화 서비스에 무인 택배함도 비치했습니다. 계단 중간중간마다 목공 작업을 해서 예쁜 조명과 함께 플랜테리어 디자인으로 꾸몄습니다. 아주 잠시라도 힐링하는 기분을 느끼게 해드리고 싶었습니다. 이렇게 입실자분들을 만족시켜드리면 제가 더 큰돈을 벌 수 있다고 확신했습니다. 돈보다 사람을 먼저 생각하고 제 고시원에 살고 계신 분들의 입장에서 운영을 하다 보니 이런 것들이 저만의 만실 노하우가 됐습니다. 제가 운영하는 고시원은 시설이나 서비스의 불편함 때문에 퇴실하시는 분들은 거의 계시지 않습니다. 퇴실률이 적은 것 또한 제 만실 노하우 중 하나입니다. 직장을 갑자기 옮기게 되거나 사정이 생겨 다른 곳으로 이사 가서야 할 때 저희 고시원에서 더 지낼 수 없어 아쉽다는 인사도 많이 주셨고 실제 다시 찾아주시는 입실자 분들도 계셨습니다.

고시원도 사업도 아무것도 모르는 코흘리개가 '나는 어떤 비전을 가져야 할까? 나는 어떤 철학을 가지고 임해야 할까?'에 대한 생각을 늘 가슴속에 품고 있었습니다. 아마도 이런 마음이 사업 확장으로 이어지는 동력이 되지 않았나 싶습니다. 그렇다고 저처럼 상호를 바꾸거나 로고를 만들거나 명함까지 준비하지 않으셔도 됩니다. 손님 한 분 한 분에게 최선을 다하고 우리 고시원에 머무르는 입실자 분들에게 좋은 환경을 제공하고 따뜻한 미소까지 더한다면 충분하다고 생각합니다.

성공적인 고시원 창업을 하고 싶다면 꼭 알아야 할 2가지

고시원 창업 강의를 하다 보니 컨설팅 피해로 연락을 주신 분들이 더러 있습니다. 500만 원에서 1천만 원 이상까지 컨설팅 비용을 지불했지만 문제 있는 고시원을 계약하면서 피해가 이만저만이 아니었습니다. 그런데 말이죠, 작정하고 사기를 친 컨설팅 업체도 문제지만 아무것도 하지 않고 편하게 고시원 창업을 하려는 마음도 경계해야 합니다. 고시원이 워낙 폐쇄적인 시장이다 보니 정보가 많이 부족하고 행여 사기당하지 않을까 하는 마음에 컨설팅을 믿고 맡기는데 오히려 이런 마음을 악용하는 사람들이 간혹 있습니다. 사기를 당한다는 건 상대방의 잘못이지만 조금 더 들여다보면 당사자가 잘 살피지 못함도 분명 있습니다.

이제 우린 손품 발품 팔아가며 직접 돌아다녀 보고 공부도 하고 배우면서 매물 보는 눈을 기를 줄 알아야 합니다. 이 매물의 수익은 얼마나 될지 정확히 따져볼 줄 알아야 하고 내가 엑시트할 때 권리금 손해는 없을지 면밀히 살펴봐야 합니다. 그리고 저마다 매물을 보는 기준이 다르기 때문에 내게 맞는 고시원을 찾으려면 나에게 맞는 기준을 먼저 잡아야 합니다. 내 기준을 파악하려면 많은 매물 임장을 다녀야 알 수 있습니다. 수익성이 먼저인지 스트레스 관리가 먼저인지 파악해야 하고, 집에서 고시원 거리가 자차로 몇 분까지 허용 가능한지, 혹은 아무리 멀어도 충분히 관리할 자신이 있는지 등을 따져봐야 합니다. 이런 고민 없이 부동산에서 알려준 대로 믿기만 한다면 난처한 상황이 발생할 수 있습니다. 요즘에는 책, 블로그, 유튜브, 세미나, 강의 등 다양한 경로를 통해 많은 정보들을 접할 수 있으니 꼭 미리 공부하고 좋은 매물을 잡을 수 있는 힘을 기르셨으면 좋겠습니다. 더불어 공부만큼 마음가짐도 중요합니다.

리스크가 덜하면서 내 시간과 노력이 덜 들어가는데 고수익을 창출하는 아이템을 찾는 것도 중요하지만, 결국 공짜는 없습니다. 무인 운영으로 내가 없어도 돌아가는 고시원을 만들려면 하나부터 열까지 모든 일을 직접 해 보고 시행착오를 겪어야 합니다. 드문 케이스지만 고시원 매물 계약 후 운영해보기도 전에 위탁업체에 맡겨버리는 경우도 종종 봤습니다. 신생아 키우는 엄마들이 자주 하는 말 중에 100일의 기적이라는 말이 있습니다. 아이가 태어나고 100일이 지나면 통잠을 자는 시기가 오면서 엄마도 제대로 된 잠을 잘 수 있죠. 100일이 오기 전까지는 잠도 제대로 못 자고 수시로 깨서 아이 수유를 해야 합니다. 이를 빗대서 고시원도 3개월 정도 직접 운영하면서 자신을 갈아 넣는 시간이 필요하다고 말합니다. 손님 응대도 직접 해 보고 청소도 해 보고 마케팅도 하면서 공실도 채워 나가야 합니다.

그런데 이런 과정 없이 바로 위탁에 맡겨버리면 어떻게 될까요? 수익률도 떨어질뿐더러 관리 자체가 되질 않습니다. 원래 손바뀜이 있으면 멀쩡하던 시설도 고장이 나고 누수도 생기고 이런저런 문제가 발생합니다. 비용도 많이 들고 대처하는 힘이 키워지지 않다 보니 작은 일에도 스트레스가 쌓입니다. 결국 고시원 운영에 두 손 두 발 다 들고 '나는 못하겠어.'를 외치며 다시 되파는 경우도 발생합니다.

직접 운영할 자신이 있을 때 고시원 창업에 진입하셨으면 좋겠습니다. 제가 고시원 창업을 결정했을 때 중점을 두고 알아본 것 중 하나가 고시원 성공 사례와 실패 사례를 분석한 일입니다. 성공 사례뿐만 아니라 실패 사례를 찾고 원인을 명확히 파악하는 일이 중요했습니다. 그래야 저도 비슷한 실수를 하지 않을 테니까요. 매물 사기로 인한 피해 사례도 있었고 고수익에 취해 시간과 노력은 들이지 않고 결국 관리를 제대로 못 해 공실이 많이 생기고 운영의 어려움을 겪는 경우를 봤습니다. 준비되지 않은 상태에서 무인 운영에 고수익이라는 달콤한 말만 듣고 진입했다가 벌어지는 일입니다.

우리 해나경 패밀리는(해나경 고시원 클래스 수강생분들) 성공적으로 고시원 운영을 잘하고 있고 2개씩 운영하는 분들도 많습니다. 왜일까요? 고시원 정규 강의를 수강한다는 건 그만큼 준비가 되어 있다는 뜻입니다. 고시원 창업 프로세스를 익히고 좋은 매물 구하는 법부터 수익률 계산하는 법, 계약 시 주의사항, 고시원 운영 방법 등 하나부터 열까지 모든 걸 배웁니다. 임장도 직접 다니면서 본인만의 기준을 만들어가고 후회 없는 창업에 도전하게 됩니다. 본인의 시간을 쪼개며 공부하고 움직입니다. 직장을 다니면서도 아이를 키우면서도 열심히 움직입니다. 고시원은 사기만 당하지 않는다면 타업종에 비해 수고는 덜하고 높은 수익을 창출할 수 있습니다. 하지만 먼저 공부를 해야 합니다. 그래야 해피엔딩이 될 수 있습니다.

제 고시원 클래스 수강생분들의 고시원 계약률이 높고 다들 성공적으로 잘 운영하고 있는 이유는 간절함 때문입니다. 그 간절함이 있었기에 적지 않은 수강료를 내고 강의도 듣고 임장도 열심히 다니면서 좋은 매물을 찾는 힘을 키우셨을 테니까요. 제가 운영하는 클래스는 12명 소수정예로 오프라인 강의가 진행되는데 항상 조기마감이 되는 터라 계속 수강 신청을 해도 선착순에서 놓쳐 수업을 못 듣는 분들이 계십니다. 제가 책을 쓰는 이유 중 하나이기도 합니다. 공부해야 하는 건 알지만 어떻게 해야 할지 모르는 분들을 위해서 유튜브로 영상도 만들고 책도 쓰게 됐습니다.

정규 강의를 듣지 않아도 고시원 창업을 성공적으로 할 수 있도록 도와드리고 싶었습니다. 준비 없이, 아무 정보도 없이 무조건 컨설팅부터 받지 말고 무조건 부동산이 소개해주는 매물부터 덥석 받아 계약하는 일이 없기를 바랍니다. 이 책을 통해 고시원 창업 프로세스를 익히고 스텝 하나씩 하나씩 밟아가며 성공적인 고시원 창업을 하실 수 있도록 도와드리겠습니다. 그럼 이제 실전에 부딪혀 보겠습니다

고시원 매물은
어디서 구하나요?

　자, 이제 본격적으로 고시원 시장에 뛰어들어 볼까요? 고시원 창업을 마음먹었다면 가장 먼저 할 일은 부동산에서 매물을 구하는 일입니다. 아파트 거래했던 부동산에 전화해서 "고시원 하려고 하는데 매물이 있나요?"라고 하면 단번에 "저희는 고시원은 거래하지 않습니다."라는 답을 듣게 됩니다. 우리가 거래했던 부동산에서는 고시원 매물을 찾기가 어렵습니다. 그렇다면 우린 어떻게 어떤 부동산에서 매물을 구해야 할까요?

　먼저 인터넷에 고시원 매물, 고시원 매매, 고시원 창업, 고시원 부동산 등을 검색하면 고시원 매물만을 전문적으로 취급하는 부동산 사이트와 고시원 매물 플랫폼 등이 나옵니다. 부동산에서 따로 브랜드를 만들어 중개와 컨설팅까지 동시에 진행하기도 합니다. 고시원 매물을 찾을 때 제가 제일 먼저 했던 일은 고시원 전문 부동산 사이트에 접속해서 나와 있는 모든 매물들을 살펴보는 일이었습니다. 손품을 팔아보자 작정하고 시간 나는 대로 고시원 매물 정보를 하나하나 체크했습니다. 똑같은 사진으로 도배하고 정보가 허술하게 나와 있는 곳도 있었고 성의 있게 매물 정보를 올린 곳도 있었습니다. 하나를 보면 열을 안다고 세심하게 신경 쓰는 노력이 보이는 부동산에 연락을 취했습니다.

이렇게 1차 걸러진 부동산에 먼저 전화 상담을 한 후 직접 찾아가 대면 상담을 받았습니다. 좋은 매물을 받는 것도 중요하지만 좋은 사람과 거래하고 싶은 마음도 있어서 충분히 대면 상담을 받고 친절하게 잘 응대해주신 부동산에서 매물 브리핑을 받았습니다. 이렇게 또 한 번 부동산을 걸러냈습니다.

여러 곳 상담을 받아보니 당시 고시원 초보였던 제게 어떤 정보도 없이 급하게 서둘러 계약시키려는 부동산도 있었고 최대한 매물을 많이 보여주면서 좋은 매물이 어떤 건지 직접 판단할 수 있도록 도와주는 부동산도 있었습니다. 저는 후자의 경우를 택하면서 3차로 부동산을 걸러낼 수 있었습니다. 그렇게 고시원 전문 부동산을 찾게 됐고 매물 브리핑을 본격적으로 받기 시작합니다.

지금까지 알려드린 방법으로 부동산에 연락해 상담을 받아보시기 바랍니다. 여기서 중요한 점은 상담 가기 전에 꼭 나의 자본금과 지역을 정하고 가셔야 합니다. 아무 준비 없이 가면 부동산에서는 애초에 계약하지 않을 사람으로 생각합니다. 부동산은 진짜 계약할 사람을 원합니다. 본인 시간 들여 브리핑하고 임장도 함께 가야 하는데 헛수고를 누가 하고 싶겠습니까? 부동산에 내 투자금을 정확히 알려줘야 미니룸, 혼합룸, 원룸 중 어떤 형태의 고시원을 브리핑해줄지 정할 수 있고, 지역을 알려 줘야 그 지역에 해당하는 매물을 추려 소개할 수 있습니다.

저는 집이나 근무처에서 자차로 30분 이내 거리를 추천합니다. 아무리 매물이 매력적이어도 김포 사는데 성남 매물을 운영하는 건 어려움이 따를 수밖에 없습니다. 고시원은 사람 사는 곳이라 급작스럽게 터지는 일이 많은데 그때마다 기동성이 중요합니다. 처음 인수하고 나서는 열정이 넘치는 때라 거의 매일 출근하고 거리도 중요하지 않습니다. 하지만 3개월 정도 갈아 넣는 시간이 흐르면 일도 손에 익고 무인 시스템도 갖추어 놔 일주일에 한두 번 정도만 가게 됩니다. 거리가 멀면 사람 마음이란 게 더 가기가 싫어집니다.

단, '난 멀어도 상관없다. 수익 많이 나는 매물 찾는 게 더 중요하다.'라는 마음이라면 지역을 더 넓힐 수도 있습니다. 혹은 애초에 낮은 권리금에 진입해서 인테리어로 밸류업 시키고 만실 채운 뒤 권리금을 높게 받아 바로 엑시트하는 게 목적이라면 상관없습니다. 이 목적이 아니라면 이동시간이 오래 걸리는 고시원은 피하는 게 좋습니다. 주변에서 여러 사례를 봤을 때 편도 1시간 정도 거리에 있는 고시원을 인수한 원장님들이 두 번째 고시원은 집 근처로 구하거나 갈아타는 경우가 많았습니다. 처음 사업을 시작할 때는 뜨거운 열정으로 무엇이든 해낼 수 있을 것 같지만 신중하게 거리도 고려해서 투자금과 지역을 선정한 후 부동산 면담을 받으시길 바랍니다. 마지막으로 부동산에 가면 "미니룸, 혼합룸, 원룸

찾으시는 거 있으세요?" 이런 질문을 꼭 받습니다. 기본적인 고시원 용어
는 꼭 알아두도록 합시다.

고시원 룸 타입

룸 타입	화장실	샤워
원룸	○	○
미니룸	×	×
샤워룸	×	○

고시원 창문 타입

창문 형태	설명	특징
내창	창문이 내부 복도를 향해 있음	환기와 채광이 부족하지만 소음이 적음
외창	창문이 외부를 향해 있음	채광이 좋고 환기가 가능하며 선호도 높음

부동산 1번 손님이
되어야 하는 이유

고시원은 매도자 우위의 시장입니다. 앞에서도 설명했지만 고시원 신설이 워낙 어려운 구조이다 보니 수요는 많은데 공급이 턱없이 부족합니다. 수익은 받쳐주는데 고시원 매물은 부족하다보니 권리금이 다른 업종에 비해 비쌀 수밖에 없습니다. 물론 다른 사람들보다 더 적극적으로 많이 움직이다 보면 원하는 투자금에 수익을 내는 매물을 찾을 수 있습니다. 그리고 타이밍이 좋으면 시세차익까지 볼 수 있는 진주 같은 매물을 구할 수도 있습니다. 저는 2달에 한 번 꼴로 정규 강의를 진행하고 있는데요, 고시원 매물이 없다 없다 해도 저희 해나경 고시원 클래스 수강생들 가운데 70퍼센트 가까이 원장님이 되셨습니다. 매물 계약이 이루어졌다는 거죠. 그리고 신기하게도 매 기수마다 진주 같은 매물이 하나씩은 꼭 나타납니다.

진주 같은 매물은 좋은 입지뿐만 아니라 권리금 작업이 없었기에 충분한 시세차익을 볼 수 있는 물건을 말합니다. 다시 말씀드리면 양도하는 원장님이 꽤 오랫동안 운영하면서 요즘의 권리금 시세를 잘 모르는 경우, 월세가 낮아서 드라마틱한 수익이 나오는 경우 등을 들 수 있습니다. 인터넷 사용도 어렵고 요즘 고시원 시장 분위기를 모르는 연세 지긋한 원장님 물건을 받으면 적은 투자금에 인수해 밸류업하고 방 가격을 올려 순이익을 높일 수 있습니다. 인테리어도 마쳤고 만실에 순이익까지 올렸으니 양수한 금액보다 훨씬 높은 권리금 시세 차익을 볼 수 있습니다. 이런 매물을 만나려면 운도 따라줘야 합니다. 내 매수 타이밍에 나타나줘야 하니까요. 다행히 4년 가까이 지켜보니 이런 매물은 잊을 만하면 한 번씩 꼭 튀어나와 줍니다.

자, 그렇다면 지금부터는 운이 아니라 실력입니다. 진주 같은 매물을 내 것으로 만드는 노력이 필요합니다. 중요한 건 속도전입니다. 남들보다 빠르게 매물을 받아 빠르게 임장하고 빠른 결정을 내려야 합니다. 결국 다른 사람보다 내가 제일 먼저 매물을 받아야 합니다. 그러려면 부동산에 내가 1번 손님이 되어야 합니다. 부동산에서는 고시원을 인수하고 싶은 손님 줄을 1번부터 쭈욱 세웁니다. 만약 손님이 10명이라면 1번부터 10번까지 번호를 매겨 세우는데 기준은 당연히 당장 계약할 사람입니다. 왜 줄을 세우냐고요?

만약 매물을 동시에 여러 사람에게 보여주면 어떤 일이 벌어질까요? 부동산에서 브리핑 받은 사람들은 동시에 우루루 몰려가 고시원을 보겠다고 하겠죠? 고시원 매물이 귀한 상황이다 보니 브리핑 받아보고 마음에 드는 매물이라면 당장 찾아가 고시원 상태를 확인하고 싶을 테니까요. 또 나보다 더 빨리 움직인 사람에게 뺏길 수도 있으니 서둘러 임장을 갈 것입니다.

이제 양도자의 입장을 보겠습니다. 양도자는 매물을 내놓자마자 한 번에 많은 사람들이 몰리니 '내가 권리를 너무 낮게 불렀나? 권리금을 좀 더 올려도 되겠는데?' 혹은 '지금 팔면 이거 내가 손해 보는 거 아니야? 수익도 꽤 나오는데 괜히 부동산 말만 듣고 팔려고 했나? 다시 생각해볼까?'라는 마음으로 권리금을 올리거나 매물을 거두는 일이 발생할 수밖에 없습니다. 그렇다면 부동산은 이런 일을 발생시키지 않고 최대한 빨리 계약을 성사시키도록 하겠죠? 그래서 부동산은 당장 계약할 확실한 사람 1번에게 먼저 연락을 합니다. 만약 1번이 패스했다면 다음 2번에게 물건을 소개합니다. 2번 손님이 패스했다면 다음 3번 고객에게 넘어갑니다.

자, 그렇다면 우리는 매물이 없다고 손을 놓고 있을 게 아니라 부동산에서 1번 손님이 될 수 있도록 노력해야 합니다. 1번 손님이 되려면 어떻게 해야 할까요? 나는 당장 계약할 사람이라는 확신을 강조하는 것이 중요하겠죠. 하지만 말은 누구든지 얼마든지 할 수 있습니다. 저는 더 중요한 건 따로 있다고 생각합니다. 저는 사업뿐만 아니라 모든 일이 사람에서 시작하고 사람에서 끝난다고 생각합니다. 관계의 힘이 얼마나 강력한지 알고 있습니다. 즉, 부동산과 좋은 관계를 만들어내고 유지하는 것이 가장 중요하다고 생각합니다.

제가 처음 부동산 사무실에 가던 날을 기억합니다. 좋은 이미지를 심어주기 위해 단정한 모습에 약속도 늦지 않게 미리 서둘렀습니다. 함께 마실 음료도 챙겼습니다. 빈손으로 가는 것보다 작은 거라도 챙겨가면 훨씬 유연한 분위기가 만들어집니다. 소소하지만 이런 작은 노력이 상담 분위기도 부드럽게 풀어주고 상대방에게 좋은 인상을 줄 수 있습니다. 임장을 다닐 때도 부동산 차로 이동하기보다는 제 차로 부동산 중개인 분들을 모시고 다녔습니다. 더운 여름에는 시원한 아이스 아메리카노를 챙겨놓고 이동하시면서 드실 수 있도록 했습니다. 임장이 끝나면 고시원에서 보통은 각자 헤어져서 이동하는데 저는 부동산까지 꼭 다시 바래다드렸습니다. 복비 내는 사람은 나 아니냐며 갑 행세를 하면 내가 1번이 될 수 없을 거라 생각했습니다.

한번은 이런 일도 있었습니다. 누가 봐도 매력적인 고시원 매물은 시장에 나오자마자 반나절 만에도 계약이 되곤 합니다. 그래서 발 빠르게 움직이는 게 중요합니다. 부동산에서 매물 브리핑을 보통 문자로 주는데 보자마자 '이거다!' 하는 매물이 있었습니다. 조금이라도 늦으면 바로 뺏길 거 같아서 금요일 퇴근 시간대였지만 꼬박 1시간 반 넘게 걸려 고시원에 도착했습니다. 힘들게 주차하고 부동산 중개인분을 만났는데 표정이 좋지 않았습니다. 갑자기 사람들이 몰려와서 양도자가 급히 물건을 거뒀다는 소식을 전했습니다. 현장에는 다른 예비 양수자도 있었습니다. 금요일 퇴근길을 뚫고 왔는데 허무하게 돌아가야 하는 상황이었습니다. 저도 그렇지만 부동산에서도 퇴근길에 힘들게 오신 상황이라 조심히 들어가

시라는 인사를 드리고 꽤 오랫동안 운전해서 집에 돌아갔던 기억이 납니다. 집에 도착하고 중개인분께 조각 케이크와 커피 기프티콘을 보내 드렸습니다. "좋은 매물 먼저 보여주셔서 감사합니다. 이건 애초에 제 물건이 아니었나 봐요. 앞으로도 잘 부탁드려요. 고생 많으셨습니다."라는 인사와 함께 말이죠.

나중에 들은 이야기지만 그때 저 말고도 한 분 더 매물을 보러 오신 분이 앞뒤 사정 들어보지 않고 왜 물건 거둔다고 나한테 빨리 말 안 해줬냐, 왜 헛수고하게 만드는 거냐며 다그쳤다고 합니다. 적지 않은 복비를 내는 입장이다 보니 '갑' 마인드로 소통하시는 것 같았습니다. 저는 제가 갑이라고 생각해본 적이 없었습니다. 무조건 숙이고 들어갈 필요는 없었지만 제가 1번이 되려면 좋은 사람으로 먼저 기억되는 것이 맞다고 생각했습니다. 고시원 임장은 못 했지만 "막히는 시간에 여기까지 오시느라 고생 많으셨겠어요. 금요일 저녁이라 가족분들하고 식사하실 시간인데 어떡해요. 얼른 조심히 들어가세요."라고 인사한 뒤 헤어졌습니다. 과연 이후에 부동산 손님 1번은 누가 되었을까요? 같은 중개 수수료를 받는다면 본인을 다그친 사람보다는 저를 1번으로 생각해주지 않을까요?

생각보다 밝은 미소로 먼저 싱긋 웃는다는 게 쉽지 않습니다. 많은 사람들이 의외로 잘 못하는 부분이기도 합니다. 그래서 더 우리에겐 경쟁력이 있습니다. 떠올려보면 낯선 공간에 들어서는 것도, 처음 보는 사람과 대화를 시작하는 것도 뭔가 어색하고 낯설기만 합니다. 이때 먼저 밝은 미소로 인사를 건네면 그 공간의 온도가 따뜻해지기 시작합니다. 그때부터는 분위기도 좋아지고 대화의 흐름도 주도적으로 잡을 수 있습니다. 여기에 매물 보여주는 것들을 당연하게 생각하지 않고 브리핑해줄 때마다 감사 인사도 잊지 않는다면 단연 1번 자리를 뺏기지 않을 수 있습니다. 저는 호감을 불러일으키는 사람이고 싶습니다. 이런 게 진짜 경쟁력이라고 생각합니다.

그리고 또 하나! 저는 복비를 무턱대고 깎으려 하지 않습니다. (물론 3번째 계약한 고시원의 경우 무권리에 통건물이라 워낙 복비가 비싸서 최대한 깎아 보려 시도는 했습니다. 뒤에서 언급하겠지만 고시원 복비는 권리금이 높기 때문에 일반 매물과 달라서 어느 정도 협의가 가능합니다.) 대신 저는 복비는 깎지 않을 테니 좋은 매물이 나오면 1번으로 보여달라고 미리 말해 두었습니다. 무권리 물건이나 수익이 잘 나오는 귀한 물건은 오히려 복비를 더 주겠다고도 했습니다. 권리계약 때 양도자를 잘 설득해서 권리금 깎아주면 복비를 더 챙겨주겠다고도 했습니다. 부동산 복비 레버리지라고 해야 할까요?

제 첫 번째 고시원은 건물주 통건물에 방 크기도 넉넉했습니다. 채광창은 크고 환기도 잘됐습니다. 앞에서 설명했듯이 외창이 30개 내창이 7개에 넓은 마당이 있고 고시원에서는 찾아보기 힘든 넓은 공용 공간이 있어 건조기뿐만 아니라 6인 식탁에 개인 빨래 건조대도 10개 이상 놓을 수 있었습니다. 바로 앞에는 스타벅스, 올리브영, 병원 등 상권이 좋았고 큰 도로 이면 안쪽 주택가에 자리 잡아 조용했습니다. 그땐 몰랐지만 지금 와서 보니 개인적인 제 의견이지만 고시원 상위 5퍼센트 안에 드는 조건이었습니다. 두 번째 고시원은 역에서 도보 1분 거리에 무권리였습니다. 입지가 좋은 곳이라 양도할 때 권리금 시세차익도 얻고 이틀 만에 계약이 성사됐습니다. 그리고 지금 운영하고 있는 3호점도 5층짜리 건물주 통건물인데 매출이 2,300만 원이 나옵니다. 저는 이 매물도 무권리에 잡았습니다.

결과적으로 3개 고시원 모두 성공적으로 인수해 꽤 많은 순이익을 창출했습니다. 이렇게 좋은 매물을 3번 연속 잡을 수 있었던 건 제가 임장을 많이 다니면서 고시원 보는 기준을 높게 세운 것도 있지만, 부동산에서 좋은 매물을 제게 1번으로 줬기에 좋은 기회를 빨리 잡을 수 있었다고 생각합니다.

당장 복비를 깎는 것도 중요하고 복비를 지불하는 입장에서 내 권리를 누리는 것도 중요합니다. 하지만 소탐대실하는 일은 없었으면 좋겠습니다. 억대의 투자금이 들어가는 사업입니다. 당장 중개수수료 얼마를 깎거나 다소 무리한 요구를 하는 과정에서 인심을 잃는 일이 없었으면 좋겠습니다. 1번 순서를 놓치는 일은 없었으면 좋겠습니다. 결국 부동산 중개도 사람이 하는 일입니다. 비즈니스에서 끝나는 관계가 아니라 좋은 사람으로 기억되는 사이로 간다면 분명 더 좋은 매물을 1번으로 빠르게 받으실 수 있을 거라 생각합니다. 제가 충분히 경험했던 일들이기에 자신 있게 말씀드릴 수 있습니다. 밝은 미소로 씽긋 웃으며 좋은 관계의 물꼬를 잘 트셨으면 좋겠습니다

수익률 계산법: 부동산 매물 브리핑을 다 믿는다고?

대면 상담이 끝났다면 부동산에서 문자로 매물 브리핑을 보내줍니다. 매물 브리핑에는 고시원 상호 및 주소, 보증금, 월세, 매출, 순이익, 방 개수, 외창 내창 비율, 방 가격, 공실 개수 등이 적혀 있습니다. 하지만 안타깝게도 방금 나열한 항목에서 중요한 정보들이 빠진 상태에서 브리핑을 받는 경우가 대부분입니다. 브리핑 양식이 정해져 있으면 좋으련만 안타깝게도 브리핑은 양도인이 어떻게 기재했느냐에 따라 제각각입니다. 실제 순이익 계산이 어려울 정도로 정보가 미비한 경우가 많습니다. 또한 실제 순이익과 다르게 브리핑되는 경우도 생각보다 많습니다. 그래서 부동산 말을 그대로 믿으시면 안 되고 세심하게 살펴볼 필요가 있습니다. (대부분의 부동산이 정직하게 중개하고 있지만 그렇지 않은 곳들이 더러 있기에 염려 차원에서 알려드립니다.)

매물 정보는 양도자, 현 원장님이 작성하는 것을 기반으로 합니다. 부동산은 양도자가 보내준 매물 정보를 양수자에게 전달해줍니다. 양도자는 권리금을 잘 받아서 좋은 가격에 양도하고 싶기 때문에 순이익을 부풀리거나 단점을 최대한 가릴 수도 있습니다. 다시 말해 양도자가 유리한 방향대로 기재했을 가능성이 큽니다. 이때 매물 정보가 부족하면 부동산에서 알아서 양도자에게 정보를 더 요구하면 좋겠지만 실상 이런 일은 거의 없다고 해도 과언이 아닙니다. 그래서 부동산에서 보내준 브리핑을 검증 없이 100% 믿고 계약하면 낭패를 보는 경우가 많을 수밖에 없습니다. 우리가 말하는 소위 '사기당했다.'의 시작은 브리핑을 제대로 확인하지 않고 계약할 때 발생합니다.

그럼 하나씩 유의해야 할 점부터 살펴보겠습니다.

첫째, 공과금과 별개로 건물 관리비를 확인하세요.

브리핑을 받을 때 건물 임대료 옆에 〈부별〉 〈부관포〉라고 적힌 내용을 확인할 수 있습니다. 부별은 부가세 별도의 줄임말이고 부관포는 부가세 관리비 포함이라는 뜻입니다. 여기서 관리비는 공과금이 아니라 건물 관리비입니다. 전기세, 난방비 등 공과금과는 별개로 임대받은 상가 건물 관리비가 따로 청구되는지 꼭 확인하셔야 합니다. 특히 구분상가는 관리비 부담이 꽤 있습니다. 엘리베이터 사용, 공용 공간 청소 등 월세 이외에 공동 관리비로 지불해야 하는 금액이 크기 때문에 이를 꼭 체크해야 합니다. 구분상가가 아닌 단독 건물에서도 건물 관리비를 요구하는 경우가 많기 때문에 월세, 부가세, 건물 관리비를 정확히 파악하도록 합니다.

둘째, 방 개수를 그대로 믿지 마세요.

방 개수는 매출 계산의 중요한 기준이 됩니다. 그래서 정확하게 파악해야 합니다. 보통 부동산에서는 고시원 상황을 자세히 알 수 없기 때문에 양도인이 주는 정보를 그대로 전달할 수밖에 없습니다.

실제 제 경우를 살펴보겠습니다. 저는 브리핑받을 때 방 개수를 40개로 전달받았습니다. 그런데 막상 확인해보니 실제 사용할 수 있는 방 개수는 37개였고 방 2개에는 간이 스프링클러가 있어서 창고처럼 쓰고 있었습니다. 스프링클러 부피가 상당히 큰 탓에 공용 공간에 놓을 자리가 없어 가장 작은 방에 설치했고 결국 그 방은 손님을 받을 수 없는 상황이었습니다. 그리고 또 다른 방은 사이즈가 너무 작아 침대를 둘 수 없어 총무실로 쓰고 있었습니다. 무려 3개의 방이 수익을 낼 수 없는 방이었죠. 최소 40만 원이라고 책정해도 제가 계산했던 순이익에서 무려 120만원이 사라집니다. 당시 코로나 상황이었고 권리금도 높지 않아 그냥 넘기긴 했지만 이런 상황이라면 권리금이라도 꼭 깎아야 합니다. 원래 전달받았던 순이익보다 달에 120만 원이 적게 들어오면 1년에 1,400만 원 넘게 손실입니다. 2년 계약이면 2,800만 원이죠. 이때는 이 금액만큼 권리금 협의에 들어가야 합니다.

돌다리도 두드리고 건넌다는 심정으로 방 개수는 꼭 확인하셔야 합니다. 대부분의 고시원에 총무실이 있거나 창고로 쓰는 방이 한두 개쯤 있기 때문에 양도인 쪽에서는 총무실 창고까지 방으로 포함하는 경우가 더러 있습니다. 따라서 계약 전에 브리핑받고 "정확히 손님 받을 수 있는 사용 가능한 방은 몇 개인가요?"라고 정확하게 확인해보는 게 중요합니다.

셋째, 평균 방 가격과 순수익은 중요하지 않습니다.
매출을 확인하세요.

고시원 방 유형은 미니룸과 샤워룸, 원룸이 있습니다. 혼합룸은 이 세 가지 방 타입이 혼합되어 있는 걸 말합니다. 미니룸은 방 안에 화장실이 없어서 공용 화장실과 샤워실을 사용합니다. 샤워룸은 방 안에 변기는 없고 샤워는 가능합니다. 원룸은 방 안에 개인 화장실이 있어서 모두 가능합니다. 미니와 원룸은 최소 5만 원 이상 가격 차이가 납니다. 그리고 방 안에 채광창이 있으면 외창, 복도 방향으로 작게 난 창을 내창이라고 하는데요. 내창은 채광창이 아니라서 햇볕이 들어오지 못하고 환기도 어렵습니다. 외창과 내창도 평균 3만 원 넘게 차이가 납니다. 그렇다면 미니 내창방과 원룸 외창방의 가격은 10만 원 이상 차이가 날 수도 있습니다.

자, 그럼 다시 보겠습니다. 평균 방 가격 36~45만 원에 방 개수 30개라고 브리핑을 받았다면 순이익 계산을 어떻게 해야 할까요? 평균 방 가격 40만 원에 방 30개 곱해서 1,200만 원일까요? 이렇게 계산했다가는 낭패를 볼 수 있습니다. 만약 36만 원짜리 방이 절반 이상이고 나머지 대부분이 40만 원이고 45만 원짜리 큰 방은 달랑 2개라면 순이익은 현저히 떨어질 수 있습니다.

그렇다면 우리는 어떻게 해야 할까요? 이때 룸 타입별로 방 가격을 다 알려달라고 하면 양도자 입장에서는 일일이 알려주지 않습니다. 특히나 양도자 우위 시장이라 꼬치꼬치 물어보고 귀찮게 하다가는 매물을 다시 거둘지도 모릅니다. 이때는 간단합니다. 총매출을 물어보면 됩니다. 매출이 빠져 있는 브리핑도 많기 때문에 꼭 매출은 체크해야 합니다. 우리는 순이익이 중요하지 않습니다. 순이익은 양도자 입장에서 유리하게 브리핑될 수 있기 때문에 그대로 믿어서도 안 됩니다. 매출을 파악해야 순이익을 계산할 수 있습니다.

넷째, 현재 공실 개수, 평균 공실 개수를 꼭 확인하자.

방 개수와 방 가격을 곱하면 매출이 나옵니다. 실질적인 수익 계산을 위해서는 공실 개수가 중요합니다. 양도자는 권리금을 최대한 잘 받아서 양도하고 싶기 때문에 만실이 됐을 때 시장에 매물을 내놓습니다. 고시원 특성상 언제든 방은 빠질 수 있기 때문에 공실이 한두 개 있어도 만실 운영이라고 브리핑하는 경우도 많습니다. 그리고 입지와 시설이 최상이거나 학원, 병원 등 수요가 확실한 곳이라면 100% 만실이 유지될 수도 있겠지만 사실 1년 내내 유지한다는 건 현실적으로 어려운 일입니다. 고시원은 보증금이 매우 낮고 언제라도 퇴실할 수 있는 편의성 때문에 거주하는 분들이 많습니다. 그래서 갑자기 퇴실하는 방이 수시로 생기기 때문에 만실로 브리핑을 받았다 하더라도 1~2개의 공실을 감안해야 합니다.

저는 수강생들에게 수익 계산 방법을 알려드릴 때 늘 보수적 만실이라 해서 만실의 85%를 매출로 잡으라고 말씀드립니다. 상황이 어떻게 달라질지 모르고 보수 비용도 꽤 나올 수 있기 때문에 애초에 순이익을 보수적으로 잡으면 운영하면서 스트레스도 덜하고 운영하기도 수월하겠죠. 여기서 주의할 점은 너무 보수적으로 매출을 잡아서 원하는 수익이 안 나온다고 좋은 매물을 포기해버리는 일은 없어야 합니다. 안정적으로 계획하는 것도 좋지만 충분히 만실로 운영이 잘되고 있고, 혹은 방값을 올릴 수 있는 매물인데 너무 보수적으로 잡아 놓치는 상황이 발생하면 안 되니까요.

만실은 양도자 입장에서 어필해야 하는 부분이니 브리핑에 꼭 기재될 것입니다. 하지만 공실은 어떨까요? 특별한 경우를 제외하고는 공실 개수를 굳이 기재하지 않겠죠. 그래서 부동산에 물어봐서 꼭 체크해야 합니다. 이런 경우도 있습니다. 방이 30개인데 공실이 10개라면? 공실이 많은데 높은 권리금을 주고 들어갈 이유가 없습니다. 이런 경우에는 권리금 협의를 해서 최대한 깎아야 합니다.

자, 그럼 우리는 진짜 만실인지 확인하는 작업이 필요합니다. 양도자가 만실이라고 하면 가족이나 지인 전화번호로 입실 문의를 해 봅니다. 친구랑 같이 알아보고 있는 중이라고 혹시 입실할 수 있는 방이 2개 있는지 물어보면 됩니다. 지금 단계는 브리핑을 보고 수익을 계산하는 단계이기 때문에 대략 공실이 어느 정도인지만 파악하면 됩니다. 마지막으로 대학상권에 있는 고시원이라면 방학 공실도 체크해야 합니다. 입실자 대부분이 학생이기에 짧게는 한 달부터 길게는 두 달까지 여름, 겨울 방학 공실이 생길 수 있습니다. 이는 수익으로 이어지는 중요한 부분이라서 수익 계산을 할 때 꼭 놓치지 말아야 합니다. 자세한 공실 리스크는 양도양수권리계약에서 공실 특약으로 더 알아보겠습니다.

더불어 한 가지 더 말씀드리겠습니다. 저는 브리핑받을 때 만실이라고 하면 걱정되는 게 하나 있었습니다. '원래 가격보다 저렴하게 할인해서 손님 우르르 채운 건 아닐까?' 그래서 저는 한 가지를 더 체크했습니다. 만약 브리핑받은 매물이 목동역에 있다면 '목동역 고시원'을 검색해보는 거죠. 파워링크, 네이버 스마트 플레이스, 고방, 독립생활 등 어떤 플랫폼에 광고하고 있는지 찾아보고 혹시 가격 프로모션을 하고 있는 건 아닌지 체크합니다. 다양한 플랫폼에서 광고하는 건 마케팅을 공격적으로 하고 있는 거니 크게 상관할 건 아니지만 방 가격은 꼭 확인해야 합니다. 브리핑받은 가격보다 홍보하고 있는 방 가격이 현저하게 저렴하거나 특별할인에 들어간다면 빨리 방을 채우기 위해 손을 썼을 수 있으니 미리 확인해 보는 게 좋습니다. 혹시 권리계약까지 간다면 계약 전에 입실자 계약 날짜와 방 가격을 브리핑받은 내용과 다른 건 없는지 꼼꼼하게 체크하시면 됩니다.

다섯째, 외창 내창 비율은 어떻게 되나요?

손님들은 햇볕이 들어오고 환기가 잘되는 채광창을 선호하기 때문에 외창은 내창보다 방 가격이 높습니다. 그래서 고시원 운영할 때 외창이 많으면 유리합니다. 외창 내창 개수는 중요한 정보임에도 브리핑받을 때 빠져 있는 경우가 많기 때문에 꼭 확인해야 합니다. 실제로 외창 내창 개수를 제대로 확인하지 않고 인수했다가 내창이 70% 이상인 걸 알고 운영에 어려움을 겪는 분이 계셨습니다. 물론 내창방을 찾는 분들도 계십니다. 야간 근무자라 낮에 잠을 자야 하는 분, 겨울에 따뜻한 방을 원하는 분, 장기로 거주 계획이라 가성비 좋은 저렴한 방을 찾는 분들에게는 내창방이 더 인기가 많습니다. 실제로 운영해보니 가격대가 저렴한 미니룸 내창은 꾸준하게 찾는 분들이 계셨습니다. 단 가격대가 있는 원룸의 경우에는 내창 선호도가 떨어지기 때문에 고시원 스펙과 더불어 외창 내창 비율도 꼼꼼하게 챙겨야 합니다.

참고로 외창 내창 비율은 평균적으로 5:5인 경우가 대부분입니다. 단독 통건물은 사면을 모두 쓰기 때문에 외창 개수가 높은 편이고 미니룸의 경우에는 방을 최대한 쪼개서 개수를 많이 만들었기 때문에 내창 비율이 높습니다.

여섯째, 공과금 확인입니다.

공과금을 항목별로 세세하게 적어주는 양도인도 있지만 그렇지 않은 경우가 더 많습니다. 공과금은 전기세, 수도세, 도시가스, 인터넷 요금을 체크하면 됩니다. 1년 평균치를 대략적으로 알려주는 경우가 많은데 한여름 전기세와 한겨울 난방비는 꼭 확인해야 합니다. 특히 전기 보일러,

전기 판넬로 난방하는 고시원은 더 세심하게 전기료를 살펴볼 필요가 있습니다. 공과금이 브리핑에서 빠진 경우는 부동산에 요청하면 됩니다. 혹시 공과금 답변이 안 온다면 방 30개 원룸 기준으로 한 달 150만 원 정도로 지출을 잡으면 됩니다. 방 개수가 그 이상으로 많다면 넉넉히 200 정도 잡으면 되고 30개 이하라면 100만 원대 초중반으로 잡아도 됩니다.

마지막으로 인터넷 요금도 꼭 물어보고 양도자가 현금 지원받은 사실이 있는지도 확인해야 합니다. 현금 지원을 받았다면 나머지 금액을 일할 계산해서 돌려받도록 합니다. 이런 부분은 부동산에서 먼저 체크해주는 경우도 있지만 아닌 경우가 더 많기 때문에 스스로 챙겨야 합니다. 실제 상담 사례에서 인터넷 요금을 확인하지 못하고 가계약금을 넣었는데 인터넷 비용이 50만 원 가까이 나와서 이러지도 저러지도 못하는 상황이 발생한 적이 있습니다. 양도자 입장에서는 가계약금도 받았겠다 돌려줄 이유가 없습니다. 현금 지원받은 건 절대 돌려줄 수 없다는 대답이 들려와서 미리 체크하지 못한 걸 후회하는 분도 계셨습니다.

이렇게 따져보니 질문할 게 참 많네요. 생각날 때마다 부동산에 자주 질문하면 부동산뿐만 아니라 양도인까지 귀찮게 할 수 있습니다. 부동산은 당연히 해야 할 일을 하는 거지만 양도자 우위시장에서 양도인은 안 팔면 그만이기 때문에 적당히 분위기를 살펴야 합니다. 앞으로 브리핑을 받으면 위에서 언급한 내용을 토대로 질문 리스트를 만들어서 한 번에 물어보는 게 좋습니다.

자, 그럼 이제 준비가 끝났으니 간단히 수익률 계산을 해 볼까요?

> **매출=방 개수×방 가격**
>
> **(보수적 만실로 전체 만실 매출의 85%로도 계산을 해두면 좋습니다.)**
>
> **총매출 - 월세(부관포) - 공과금 - 운영비 = 순이익**

총매출에서 월세(부관포), 공과금(모를 경우 대략 150만 원), 운영비를 뺍니다. 운영비는 쌀, 김치, 라면, 세제 등 비품 비용입니다. 보통 브리핑은 이 정도 지출선에서 순수익을 책정합니다. 청소는 직접 하는 경우도 있고 하자 보수 등은 매물마다 변동성이 커서 일단 뺍니다. 운영상 추가 지출 되는 부분은 아래 내용을 참고해 더 여유 있게 잡으시면 됩니다.

지출은 고정지출과 변동지출이 있습니다. 저는 전기, 가스, 수도, 인터 넷, 정수기, 화재보험, 세금, 세무사 수임료, 카드기계, 라면, 쌀, 김치, 커 피 등과 청소 비용은 매달 지출 금액은 달라지지만 고정적으로 나가는 비용이기에 고정운영비로 잡았습니다. 하자 보수 및 비품(화장실 소모 품, 청소용품, 주방용품 등)은 매달 비고정적으로 나가는 비용이라 변동 운영비로 잡았습니다.

1. 만실률 100% 기준

- 매출 계산:

방 개수 × 방 가격 × 만실률

→ 30 × 45만 원 × 1.0 = **1,350만 원**

- 지출 계산:

  - **월세 (부관포):** 500만 원

  - **운영비:** 200만 원

    - 공과금 (전기, 가스, 수도)

    - 관리비 (인터넷, 정수기, 화재보험, 카드 기계 유지비)

    - 세무비 (세금, 세무사 수임료)

    - 소모품비 (라면, 쌀, 김치, 청소용품 등)

- 순이익 계산:

매출 – 월세 – 운영비

→ 1,350 – 500 – 200 = **650만 원**

2. 만실률 85% 기준

- 매출 계산:

방 개수 × 방 가격 × 만실률

→ 30 × 45만 원 × 0.85 = **1,147.5만 원**

- 지출 계산:

  - **월세 (부관포):** 500만 원

  - **운영비:** 200만 원

    - 공과금 (전기, 가스, 수도)

    - 관리비 (인터넷, 정수기, 화재보험, 카드 기계 유지비)

    - 세무비 (세금, 세무사 수임료)

    - 소모품비 (라면, 쌀, 김치, 청소용품 등)

- 순이익 계산:

매출 – 월세 – 운영비

→ 1,147.5 – 500 – 200 = **447.5만 원**

매물 브리핑은 다음과 같은 형태로 전달됩니다. 앞에서 배운 내용들을 토대로 빠진 부분이 있다면 부동산에 부족한 정보를 정확히 묻고 수익계산을 합니다.

임장 체크리스트:
고시원 매물 임장하는 법

입지 및 주변 환경

순이익 계산 후에는 네이버 거리뷰로 건물 위치, 즉 교통편과 외관을
확인합니다. 지하철역에서 도보로 몇 분이 걸리는지, 건물 주변에 버스
정류장은 있는지, 근처에 마트, 다이소, 편의점, 병원 등 편의 시설은 잘
갖추어져 있는지 확인합니다. 외관을 살펴볼 때는 같은 건물에 소음이
나 냄새 유발 업종이 있는지도 확인해야 합니다. 특유의 향이 나는 상가
가 있다면 고시원 내부에 냄새가 전해지는지 꼭 확인해봐야겠죠? 만약
고시원이 만실이면 냄새가 큰 영향을 끼치지 않는 것으로 간주하지만 공
실이 꽤 있으면 냄새 때문인지 의심해 볼 필요가 있습니다. 소음 유발 업
소도 마찬가지입니다. 위아래 층이나 같은 층에 노래방이나 당구장이 있
으면 거주하는 분들이 소음 때문에 힘들어하실 수 있습니다. 실제 지인

중에 역세권에 생각보다 좋은 가격에 계약했는데 알고 보니 같은 건물에 콜라텍이 있었습니다. 콜라텍은 밤 시간이 아닌 낮 시간대에 운영했는데요. 음악 소리로 바닥이 울릴 만큼 소음이 커서 낮에는 고시원에 머물지 않는 직장인만 받아야 했습니다.

그다음 디스코 등 부동산 앱에 들어가 지번을 적고 사용승인 날짜를 확인합니다. 건물 연식이 50년 이상 오래된 곳은 시설이 많이 노후화되어 있기 때문에 신경 쓸 일이 많습니다. 사실 대부분의 고시원 건물은 오래된 경우가 많아서 어느 정도 감안하고 들어가야 하는 부분이긴 한데 심하게 오래되면 배관 누수 등 골치 아픈 일들이 벌어질 수 있으니 초기 창업 비용 예산을 달리 잡아야 하기 때문입니다. 고시원 운영을 해 보고, 주변에 많은 사례를 봤을 때 튼튼하게 잘 지어진 건물일 경우 50년 가까이 되어도 누수가 거의 없었지만 10~20년 정도밖에 안 된 건물에서 누수가 꽤 발생한 경우를 심심치 않게 봤습니다. 꼭 건물 연식이 오래됐다고 해서 누수가 많고 최근에 지어졌다고 해서 누수가 없는 건 아니니 이 부분은 직접 움직여 체크해야 합니다.

누수 흔적

임장 시 건물 입구 계단부터 천장에 누수 흔적은 없는지 잘 살펴봐야 합니다. 복도, 주방 등 공용 공간 천장이나 벽면에 벽지 색깔이 다르거나 폼보드 등으로 덧방 한 곳은 없는지, 욕실이나 화장실은 시트지로 덧대어 놓은 곳은 없는지 체크합니다. 덧방 흔적이 있다면 무엇이 원인인지 꼭 물어봐야 합니다. 방 내부도 천장에 누수 흔적을 살펴보고 바닥이 장판이라면 살짝 들춰서 잘 말라 있는지도 확인하면 좋습니다. 고시원 구석구석 살펴보고 양도인에게 누수 발생 여부에 대해서도 물어보는 게 좋습니다. 만약 사실대로 말해주지 않거나 숨기려 할 수도 있으니 꼼꼼히 체크하세요. 더불어 아래층 상가에 누수 된 적은 없었는지 물어보는 것도 좋습니다. 다짜고짜 물어보는 것보다는 손님으로 가서 상가 이용을 한 뒤 물어보면 훨씬 대화하기 좋습니다. 맛있는 간식이나 선물을 사서 인사드리는 것도 방법입니다. 누수는 고시원 사업에서 피해갈 수 없는 부분입니다. 반갑지는 않지만 언젠가는 찾아올 손님이라고 생각하세요. 임장 때 누수가 발견되면 오히려 반가운 소식입니다. 통상적으로 잔금 후 한 달 안에 발생하는 누수는 양도인 책임이기 때문에 미리 알면 차라리 낫습니다. 어차피 노후화된 고시원 건물에서는 누수가 비일비재하기 때문에 단순히 누수로 좋은 조건의 매물을 피할 필요는 없습니다. 오히려 누수로 권리금을 깎을 수 있는 명분이 되기도 하겠죠?

나무문

고시원 문을 보면 대략적인 노후도를 파악할 수 있습니다. 고시원은 다중이용업소로 방화문 설치가 의무인데 나무문으로 허가를 받았다면 아주 오래된 매물이란 뜻입니다. 다만 나무문이라고 무조건 안 좋은 건 아니니 참고용으로만 확인하되, 도어락을 설치할 수 있는 나무문인지는 꼭 확인해야 합니다. 도어락과 CCTV가 갖춰져야 무인 운영이 가능해집니다. 나무문 전용 도어락도 있지만 설치가 불가능할 수도 있으니 문과 틀까지 사진을 찍어 사전에 도어락 설치가 가능한지 확인해보는 것이 좋습니다.

환기

저는 빛이 잘 들어오고 환기가 잘되는 고시원을 중요하게 생각했습니다. 당시만 해도 수익률보다 제가 불편함 없이 잘 운영할 수 있는지가 우선순위에 있었기에 제가 실제 살 수 있을 정도의 컨디션을 가지고 있는지가 중요했습니다. 그래서 사이즈 큰 채광창에 맞바람으로 환기를 시킬 수 있는 창문이 복도에 있는지도 중요하게 봤습니다. 막상 운영해 보니 수익률도 중요해서 손님이 지내시는 데 크게 지장이 없고 만실에 수익이 꾸준히 받쳐준다면 빛과 환기는 다소 양보할 수 있는 부분이 됐습니다.

그리고 고시원에 처음 들어가자마자 맡는 냄새도 중요합니다. 쾌쾌한 냄새가 고시원에서 많이 나는 이유는 빨래 건조 공간이 부족하다 보니 환기가 잘 안 되는 방에서 빨래를 말리기 때문입니다. 건조대를 둘 곳이 마땅치 않거나 자연 건조가 어려운 상황이라면 기계건조기를 쓰면 좋습니다. 냄새도 잡을 수 있고 여기저기 복도에 걸려있는 옷가지도 정리할 수 있습니다. 저는 냄새나는 고시원에서는 기계건조기를 놓을 공간이 있는지 먼저 확인해봅니다.

외창 내창 개수 확인

저는 고시원 임장을 가면 외창 내창 개수를 꼭 확인하고 창문을 열어봅니다. 실제로 외창이라고 브리핑받았지만 고장으로 열리지 않는 창문도 있었고, 겉보기에는 창문이지만 환기가 되지 않아 이름만 창문인 경우도 많았습니다. 환기가 되지 않는 창문은 내창으로 간주하기 때문에 꼭 확인해야 합니다. 방에 들어왔으면 수압과 변기 물 내림도 체크해보면 좋겠죠?

흡연 구역

고시원에서 흡연 구역 확보는 매우 중요합니다. 흡연 공간이 마땅치 않으면 몰래 방 안이나 공동 화장실 등에서 흡연하는 경우가 생깁니다. 고시원을 운영하다 보면 소음과 담배 냄새 민원이 많은데 특히나 흡연은 화재로 이어질 수 있기에 강경하게 대처해야 합니다. 고시원에 흡연 장소가 없으면 아무리 공지하고 부탁해봐도 개선되기 힘들기 때문에 옥상이나 테라스, 건물 입구 등에 마땅한 흡연 공간이 있는지 꼭 체크하세요.

더불어 옥상에 불법건축물이 있거나 세탁기를 놓는 경우도 있습니다. 옥상에 세탁기가 있으면 겨울에 동파사고가 쉽게 발생하기 때문에 관리가 어렵습니다. 따라서 내부에 세탁기 넣을 공간을 확보할 수 있는지 체크하는 것도 중요합니다. 참고로 건조기나 세탁기가 객실 근처에 있으면 소음 문제가 발생할 수 있습니다. 제 경우에는 심야 세탁은 못 하게 공지하고 세탁실 옆방은 추가 할인을 더 해주는데 저렴한 방을 원하시는 분들에게 오히려 인기 있는 방이 됐습니다.

아무리 임장을 많이 다녀봐도 하나부터 열까지 완벽하게 마음에 드는 매물은 찾을 수 없습니다. 어차피 한두 개 정도는 포기해야 하는데 어떤 것을 포기하면 좋을지 생각해 보면서 체크하셔도 좋습니다.

방 사이즈 [피난대피도 확인]

빨리 고시원을 양도하고 싶어 하는 현 원장은 고시원에서 가장 넓고 좋은 방을 보여주고 싶어 합니다. 그리고 이렇게 말하곤 합니다. "이건 중간 정도 방이고 이것보다 큰 것도 많아요." 우리는 이 말을 덜컥 믿어서는 안 됩니다. 양도인은 좋은 가격에 빨리 팔기 위해서 최대한 달콤한 말만 합니다. 이때 현 원장의 말에 휘둘리지 않고 방 사이즈와 개수를 파악할 수 있는 방법을 알려드리겠습니다.

일단 방에 들어가기 전에 몇 호실인지 정확히 기억하고 방으로 들어갑니다. 방에 들어가면 피난대피도가 붙어있는데요, 소방법상 방 안에 피

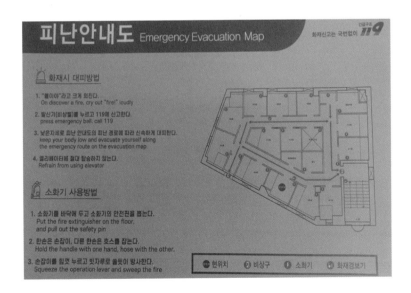

난대피도는 무조건 부착되어 있어야 합니다. 피난대피도를 보고 내가 현재 있는 호실을 찾아서 방 사이즈를 확인합니다. 피난대피도 사진을 찍어 놓으면 더 좋습니다. 혹시 사진을 못 찍게 할 수 있으니 배우자와 같이 결정해야 해서 사진을 보여줘야 할 것 같은데 몇 장만 찍어도 되냐고 미리 물어보도록 합니다.

그런데 만약 피난대피도에 호실이 적혀 있지 않다면 "여기서 제가 있는 방이 어떤 거예요?"라고 물어본 뒤 방 가격도 물어봅니다. 그럼 피난대피도를 보고 현재 있는 방이 다른 방에 비해 사이즈가 큰지 작은지를 확인할 수 있습니다. 브리핑에서 대략적인 가격도 들었기 때문에 얼추 매출 계산도 해 볼 수 있습니다. 양도자가 말한 대로 실제로 중간사이즈 방인지 가장 큰방인지 피난대피도를 통해 확인할 수 있습니다.

입실자 연령대

마지막으로 확인해볼 게 또 하나 있습니다. 어떤 연령대의 입실자들이 주로 거주하고 있는지 확인할 수 있고, 실제로 공실 여부도 체크할 수 있는 방법입니다. 바로 신발장을 열어보는 것이죠.

요즘에는 무인 운영을 주로 하고 있기 때문에 양도자 동행 없이 고시원를 둘러보는 경우가 많습니다. 신발 상태로 입실자들의 성별이나 나이, 직업 등을 파악할 수 있습니다. 신발이 많이 구겨져 있거나 흙이 많이 묻어 있으면 일용직 근로자로 추측해볼 수 있고 브랜드 운동화로는 젊은 학생들이나 직장인을 유추해볼 수 있습니다. 매물 브리핑을 받을 때 분명 공실이

2개밖에 없다고 했는데 5개 이상 신발장이 비어 있는 곳이 있어서 이걸 빌미로 권리금을 깎은 경우가 많습니다. 그러니 신발장을 꼭 열어보세요.

에어컨

고시원 냉방은 덕트와 개별 에어컨으로 나눕니다. 덕트는 복도에 큰 에어컨을 놓고 방마다 찬바람을 나눠주는 방식이고 개별 에어컨은 방 안에 개인 에어컨이 설치되어 있습니다. 개별 에어컨이 있으면 운영하면서 따로 관리할 필요도 없고 양도할 때도 이점이 되지만 대부분 고시원이 덕트 방식입니다. 고시원 매물 계약을 할 때 냉방이 되는 건 당연한 상식으로 생각할 수 있을 텐데요. 다소 당황스럽긴 하지만 권리금이 매력적이어서 덜컥 계약을 했더니 덕트가 아예 없는 곳이었습니다. 양도자가 이 부분은 쏙 빼고 브리핑을 했는데 초보라 덕트가 뭔지도 모르고 당연히 확인해볼 생각도 없이 계약을 한 것이죠. 덕트가 없다는 건 여름 손님은 거의 받을 수 없다는 뜻입니다. 장기 손님조차 받기 어렵습니다. 권리금이 매력적이었다는 것은 시중 가격보다 저렴했다는 뜻인데 물론 권리금을 낮게 준 대신 그 돈으로 덕트 시설을 갖출 수도 있습니다. 문제는 설비 비용도 중요하지만 덕트를 설치할 수 있는 조건이 되는지도 확인을 해야 합니다. 건물 환경에 따라 덕트 설치가 어려울 수도 있기 때문이죠. 아주 예외적인 사례이긴 하지만 냉방, 난방 시설은 어떻게 되어 있는지 꼭 확인해야 합니다. 난방도 도시가스가 아니라 전기보일러 혹은 전기판넬이면 공과금도 꼼꼼하게 체크해야 합니다.

항목	세부사항
1. 위치 및 주변 환경	
건물 위치 및 외관	네이버 거리뷰 활용
지하철역	
버스정류장	
편의시설	마트, 편의점, 병원 등
소음/냄새 유발업종	음식점, 노래방, 당구장 등
2. 건물 상태 점검	
누수 흔적	건물 입구, 계단, 복도, 공용 공간, 방 내부 천장
벽지 상태	색 변화, 폼보드/시트지 덧방
방화문	
도어락	
위반 시설	옥상 등 불법 건축물
3. 시설 및 설비	
빨래 건조	건조기 설치 공간, 빨래 건조 공간
창문	외창/내창 개수
환기	창문 개폐, 환기 가능 여부
수압	
냉방	덕트식/개별 에어컨
난방	도시가스, 전기보일러, 전기판넬
4. 안전 및 운영 관리	
피난대피도	
입실자 유형 신발장 상태	
5. 운영 수익성 점검	
방 크기/공실	
6. 기타	
흡연 구역	

고시원 시장조사 방법

보통 임장을 다녀온다고 하면 해당 매물만 보고 끝내는 경우가 허다합니다. 같은 건물에 다른 고시원이 있는데 못 보고 오는 경우도 있습니다. 공급이 어렵고 수요는 많은 시장이라고 하지만 주변 고시원 시장조사는 필수입니다. 아무리 입지가 좋아도 주변에 고시원이 많다면 건물 임대료는 비싸지만 고시원 방값은 적게 받을 수밖에 없습니다.

고시원 임장이 끝나면 바로 해야 할 일을 정리해보겠습니다.

첫째, 양도인이 만실이라고 했거나 공실이 1개밖에 없다고 말하면 다음 날 다른 전화번호로 전화해서 공실 여부를 확인해야 합니다. 방 하나 문의는 공실 여부 체크에 어려움이 있기 때문에 "저희 기숙사에 문제가 생겨서 한 달 정도만 세 사람 묵을 방이 필요한데요."라고 말해보세요. 방이 있다고 하면 브리핑받은 것보다 공실이 많이 있다는 뜻입니다. 실제 수강생들이 전화해서 확인해본 결과 전달받은 공실 개수와 실제 공실 개수가 다르다는 걸 여러 번 확인했습니다. 그리고 주변 경쟁 고시원에도 똑같이 전화해서 공실을 파악해야 합니다. 주변 고시원도 만실인 경우는 입실자 수요가 넘치는 곳이지만 주변도 공실이 많으면 수요가 덜한 곳이라 면밀히 검토해봐야 합니다.

둘째, 주변 고시원 시장조사에 들어가야 합니다. 네이버나 고시원 플랫폼 등에서 제공하는 지도 서비스를 활용하면 임장 매물 주변의 고시원 개수와 위치, 방 가격까지 모두 확인할 수 있습니다. 본인이 입실자라고 생각하고 고시원 룸투어를 다닌다는 마음으로 여러 고시원을 둘러봐야 합니다. 나라면 어떤 고시원을 선택할지 실제 입실자처럼 생각하고 매물을 비교해봐야 합니다. 장점은 더 부각하고 단점은 극복하면서 가장 경쟁력 있는 고시원을 만들어야 합니다.

임장 다녀온 물건이 꽤 좋다고 생각했는데 주변 고시원을 둘러보니 방 사이즈도 훨씬 크고 쾌적한 반면 가격은 더 저렴하다면? 임장 다녀온 물건은 지하철역에서 도보 10분 거리인데 역세권에 많은 고시원이 몰려 있다면? 방 가격은 1~2만 원 차이밖에 안 나는데 인테리어 공사를 마친 고시원이 근처에 있다면?

적을 알고 나를 알아야 백전백승입니다. 주변 시장 상황을 파악해야 대응할 수 있습니다. 양도인 말과 브리핑만 믿지 말고 주변 고시원 시장조사를 충분히 끝내고 계약을 해야 합니다.

그리고 너무 보수적으로 수익 계산을 하는 함정에 빠지지 말아야 합니다. 안정적으로 수익 계산을 하는 것도 중요하지만 내가 얼마나 수익을 키울 수 있는 매물인지 따져보는 것도 중요합니다. 방 사이즈도 크고 입지도 좋고 전체적인 틀이 좋은 고시원인데 관리 미비로 청소도 거의 안 되어 있고 공실도 많은 고시원이라면 당연히 제값을 다 못 받을 수 있습니다. 이 가격을 기준으로 순이익을 계산하면 원하는 수익이 나오질 않겠죠. 그렇다면 패스하는 게 맞을까요? 관리가 안된 고시원에 공실까지 많으면 현 수익은 적으니까 권리금도 높지 않을 것입니다. 사실 이런 물건이 진짜 좋은 매물이라고 할 수 있습니다.

그렇다면 이런 매물을 찾는 힘은 어디에서 나올까요? 바로 시장조사에 있습니다. 주변은 만실인데 이곳만 공실이 있거나 방 사이즈는 훨씬 큰데 주변 방보다 방 가격이 저렴하다면 도전해볼 만합니다. 결국 발로 뛰는 시장조사가 없었다면 알 수 없을 일입니다. 열정 넘치게 고시원 창업을 준비하는 사람 입장에서는 이해가 안 가는 부분이지만, 어느 정도 일이 손에 익고 굳이 가지 않아도 돌아가는 고시원인데 수익도 적당히 나온다면 관리가 소홀해질 수 있습니다. 임장 매물이 이런 물건이라면 브리핑받은 가격만 볼 것이 아니라 내가 인테리어를 해서 방 가격을 얼마나 올릴 수 있는지도 파악해야 합니다. 그럼 순이익도 끌어올리고 권리금 시세차익까지 볼 수 있습니다.

그다음은 입실자 수요가 많은 곳인지 따져봐야 합니다. 저는 목동에서 고시원을 할 때 바로 길 건너편에 유명한 입시학원이 있었습니다. 보통 재수생들이 다니는 입시학원이어서 1년 내내 입실하는 장기 손님이 대부분이었고 방학 특강이나 반수생들의 연락도 끊이지 않았습니다. 주변에 법원이 있어서 법원 손님도 연락이 많이 왔습니다. 바로 앞은 고등학교가 있었는데 지방에서 올라오는 학생이 많은 특성화된 학교여서 기숙사에 못 들어가는 친구들이 문의를 많이 했고, 여럿이 함께 쓰는 기숙사보다 개인 방을 원하는 학생들의 문의가 많아 늘 만실 운영을 했습니다. 주변에 대형병원이 있는 곳도 수요가 꾸준히 일어납니다. 규모가 큰 농수산물 시장이나 인력사무소가 밀집되어 있는 곳도 수요가 많습니다. 역세권이 좋긴 하지만 꼭 역세권일 필요도 없습니다. 고시원에 살고 계신 분들이 지하철 타고 버스 타고 대중교통비 들어가면서까지 근무지와 먼 곳에 거주지를 정할 이유가 없기 때문입니다. 주변에 마트, 편의점, 식당, 병원 등 인프라가 잘되어 있다면 근처에 고시원 개수가 적은 곳도 좋습니다.

시장조사보다 더 중요한
나 파악하기

"본인만의 우선순위를 먼저 파악하세요."

해나경 고시원 클래스를 수강하는 모든 분들에게 꼭 전하는 이야기입니다. 현금 흐름의 끝판왕 고시원은 황금알을 낳는 거위처럼 보입니다. 무인으로 운영이 가능해서 투잡, 부업으로도 충분하다 말합니다. 하지만 누군가는 세상에 쉬운 일은 없다며 고시원은 아무나 하는 게 아니라고 말합니다. 틀린 말은 아닙니다. 하지만 가만히 들여다보면 제대로 준비하지 않고 급하게 고시원 세계에 발을 들여놨거나 본인이 고시원과 맞는 성향인지 파악조차 하지 않는 경우도 있었습니다. 돈이 된다고 무작정 뛰어들면 실패할 수밖에 없습니다. 그래서 저는 고시원 시장조사도 중요하지만 본인이 어떤 마음가짐을 가지고 있는지, 어떤 성향인지 본인을 조사하는 게 먼저라고 말하곤 합니다.

저는 스트레스를 최소화해서 고시원을 운영하고 있습니다. 제가 중요하게 생각하는 가치는 수익률보다는 스트레스 관리가 먼저였습니다. 평생 카메라 앞에 서는 일만 하다가 처음 하는 제 사업이었기 때문에 모든 게 두려웠습니다. 당시만 해도 월 순수익 300만 원이면 충분하다는 마음이었기 때문에 최대한 스트레스를 덜 받고 운영하기 수월한 매물을 찾았습니다.

입실료 최소 40만 원 이상에 주로 직장인 입실자가 있는 원룸 고시원을 염두에 두었습니다. 직장인 입실자라면 고정적인 수입이 있는 분들이기 때문에 입실료 밀릴 걱정은 없을 거라 판단했습니다. 또한 낮에는 근무하고 고시원은 주로 밤에만 있을 테니 민원도 덜할 거라 생각했습니다. 연세 많은 분들은 아무래도 소통의 문제나 이것저것 챙겨야 할 일들이 많은데 젊은 직장인들은 이런 부분에서도 자유로웠습니다. 주방에서 요리도 거의 안 하기 때문에 고시원 관리에도 손이 덜 갈 거라 생각했죠. 이런 이유로 고시원 처음 시작할 당시 우선순위가 수익률보다는 스트레스 관리가 먼저였습니다. 이후에 고시원을 운영하면서 조금씩 굳은살이 생기면 그때는 수익률에 우선순위를 두고 한 번 더 도전해보자는 생각이었습니다.

사람들은 제게 "고시원은 언제까지 할 생각이냐?"라고 묻습니다. 그럼 저는 "앞으로 어떻게 될지 모르겠지만 평생 하고 싶은데요? 그만하고 싶다는 생각은 해 본 적이 없어요."라고 대답합니다. 저 역시 멘탈이 무너지는 순간들도 많았지만 이를 해결할 때마다 노하우로 경험치가 축적됐기 때문에 시간이 갈수록 고시원 운영이 더 쉬워졌습니다. 단순히 고시원이 저랑 잘 맞았다거나 운 좋게 좋은 입실자들을 만나서 그런 건 아니었습니다. 저는 스트레스 관리를 우선순위로 두었기 때문에 초반에는 스트레스를 덜 받고 운영할 수 있었고 운영 노하우가 쌓인 후에는 수익성을 우선순위로 두고 매물을 찾아 고수익을 창출할 수 있었습니다.

무조건 스트레스 관리를 우선시해야 한다는 뜻은 아닙니다. 저희 해나경 고시원 클래스 수강생분들을 보면 수익률을 우선순위로 두고 스트레스 관리도 잘하면서 두 마리 토끼를 한 번에 잡는 분들도 많습니다. 그리고 퇴사를 결심하고 생계를 책임져야 하는 목적으로 고시원 창업을 하는 분들은 수익률을 최우선 가치로 두면서 더 적극적으로 고시원 운영에 임하기 때문에 운영 관리 및 대처 능력도 뛰어납니다. 사람에 따라서는 운영으로 생기는 스트레스보다 돈이 벌리지 않았을 때의 불안도나 스트레스가 더 클 수 있기에 돈이 잘 벌린다면 어떤 힘든 일도 잘 극복해내고 스트레스도 덜 받을 수 있을 겁니다. 이처럼 각자의 상황에 따라 우선순위가 달라질 수 있기 때문에 나의 상황은 어떤지, 나는 어떤 사람인지 먼저 파악할 필요가 있습니다.

저는 고시원 강의 수강생분들에게 매번 똑같은 질문을 합니다 "수익률이 우선인가요? 스트레스 관리가 우선인가요?" 사람들마다 대답은 다르게 돌아옵니다. "운영 스트레스가 발생해도 수익이 커버하기 때문에 충분히 잘 견뎌낼 수 있을 것 같아요. 미니룸이든 뭐든 상관없이 다양한 매물을 보고 싶습니다." 다른 한편에서는 "저는 사람들 관리가 쉽지 않을 것 같아요. 직장도 다니고 있어서 운영하는 데 손이 덜 가는 매물만 보고 싶어요." 따라서 꼼꼼하게 매물을 분석하고 임장 갈 때 체크리스트를 챙기는 것처럼 나의 성향도 분석하고 스스로를 체크해야 합니다. 각자의 가치는 다를 뿐 옳고 그른 것은 단 하나도 없습니다.

방송일을 그만두고 고시원이 주 수입원이었다면 당연히 저는 수익률을 우선시했을 겁니다. 하지만 쇼호스트 본업이 있었고 고시원은 부업 개념이었기 때문에 수익보다는 스트레스를 덜 받는 고시원을 하자는 전략(?)을 세웠습니다. 강의를 수강하시는 분들 가운데는 노후한 고시원이 대부분이다 보니 시설 하자 등 감안해야 하는 부분이 있지만 이마저도 스트레스를 받고 싶지 않아 권리금이 비싸더라도 리모델링 마친 매물이나 신설을 인수받는 분들고 있습니다. 저도 첫 고시원 계약할 때 미니룸이나 방 가격 40만 원 이하는 초반에는 브리핑을 받지 않았습니다. 그리고 이후에는 수익률 높은 매물을 하고 싶어서 방 개수가 많은 미니룸까지 폭넓게 매물을 봤습니다. 사람도 많고 그만큼 관리도 어렵지만 투자금은 적고 수익률은 좋기 때문에 충분히 다른 것들은 만회할 수 있었습니다. 따라서 각자 자신만의 기준에 따라 우선순위가 무엇인지를 파악하고 그에 맞는 고시원 매물을 선택하는 게 중요하다고 생각합니다. 그리고 닥치지 않은 스트레스로 겁부터 먹을 필요는 없습니다.

참고로 고시원 운영을 어떻게 하느냐에 따라 스트레스 강도는 줄일 수 있습니다. 입실자를 적으로 두지 않고 내 편으로 만들면 훨씬 유연하게 고시원 운영을 할 수 있습니다. 자세한 이야기는 뒤에 운영 편에서 다뤄

보도록 하겠습니다.

돈 된다면서 다시
고시원을 파는 진짜 이유는?

고시원 임장을 다니다 보면 누구나 드는 생각이 있습니다. '아니 이렇게 수익이 좋은데 왜 파는 거지?' 그래서 멀쩡한 매물도 괜히 의심이 갑니다. '뭔가 문제가 있으니까 이렇게 장사가 잘되는데 내놓는 거 아니겠어?' 경계심을 갖는 건 필요하지만 무턱대고 의심부터 하게 되면 좋은 매물도 놓칠 수 있습니다. 그렇다면 왜 고시원을 되파는지, 몇 가지 이유를 알아보도록 하겠습니다.

첫째, 처음부터 권리금 차익을 목적으로 한 매물입니다.

노후화된 고시원을 낮은 권리금에 인수해서 인테리어를 마치고 손님을 채워 만실로 되팔면 권리금 차익을 꽤 많이 볼 수 있습니다. 만실이면 순이익도 상당하겠지만 애초에 시세차익, 즉 목돈이 목적이었고 운영에는 관심이 없기 때문에 만실 수익은 크게 중요하지 않습니다.

둘째, 자신에게 더 유리한 조건이 생겨 되파는 경우입니다.

보통 고시원 수익은 400~800만 원 사이가 많고, 그 이상 수익이 나는 매물도 심심치 않게 볼 수 있습니다. 이 정도 수익에 초반 3개월 정도만 고생하고 주 2회 방문에 일반 직장인 월급 2배 정도를 가져갈 수 있다고 하면 김포에서 수원이나 용인 매물도 계약할 수 있지 않을까요? '남들은 하루 9시간씩 근무하는데 주 2~3회 방문하고 한두 시간 청소 못 할까?'라는 생각으로 첫 창업 열정까지 차오르면 거침없이 계약을 할 수밖에 없습니다. 인수하고 이것저것 손보고 손님들 룸투어도 일일이 도와드리다 보면 시간 가는 줄 모릅니다. 어느 정도 방도 채우고 룸투어도 무인 안내가 익숙해지면 고시원 출근 횟수가 확 줄어듭니다. 청소도 매일 직접 했지만 전문 청소 업체를 고용하거나 청소 아르바이트로 무인화 세팅까지 끝내면 일주일에 한 번 갈까 말까 하는 시간이 오게 됩니다. 그럼 김포에서 수원까지 가고 싶어질까요? 매일 출근할 때는 당연히 가야 했기에 움직였지만 굳이 안 가도 되는 시기에는 정말 귀찮아집니다. 어쩌다 한 번 가려면 몸이 천근만근입니다. 가서 하는 일은 1시간 안에 끝나는데 왕복 2시간 이상 걸리면 더 가기 싫어지겠죠?

마침 이 타이밍에 속 썩이는 손님까지 나타난다면? 또 마침 이 타이밍에 부동산에서 권리금 높게 팔아줄 테니 고시원 양도하라는 전화라도 받게 된다면? 마음은 흔들리기 시작합니다. 갑자기 생각지도 못한 목돈이 생기면 사람 마음이 흔들릴 수 있습니다. 권리금 차익도 보고 기존 투자금과 합해 수익이 더 많이 나는 고시원으로 갈아타고 싶어집니다. 운영이 더 편한 고시원으로 옮기고 싶어집니다. 이러한 이유로 멀쩡한 매물이지만 시장에 다시 나오는 경우가 의외로 많습니다.

셋째, 아주 오래전부터 운영되어 온 1세대 고시원 매물입니다.

1세대 고시원 원장님은 아무래도 컴퓨터에 익숙하지 않습니다. 고시원을 운영하려면 아주 기본적인 인터넷은 사용할 줄 알아야 하는데 네이버에 지도 등록하는 방법도 모르고 고시원 플랫폼은 어떤 게 있는지도 알지 못합니다. 그래서 제대로 된 홍보조차 할 수가 없죠. 물론 자녀분들이 도와준다 하더라도 홍보를 하려면 시설이 깔끔하고 사진도 예쁘게 나와야 하는데 어르신들은 시설 투자비를 부담스러워합니다. 요즘에 와서야 무인 운영도 가능해졌지 예전에는 고시원에 매일 출근해 상주하면서 일하셨기 때문에 제대로 쉬지도 못하셨을 겁니다. 이제는 남들처럼 해외여행도 가고 손주 애교도 보면서 쉬고 싶으시겠죠. 딱 이런 마음이 들 때, 부동산에서 또 전화가 오겠죠. "권리금 높게 받아드릴 테니 손님 있을 때 고시원 파세요. 이 손님 놓치면 손님 구하기도 힘들어져요." 인터넷 소통이 어려운 1세대 원장님들은 요즘 고시원 시장 분위기를 모르는 분들이 많이 계시기 때문에 생각보다 높은 권리금에 매물을 내놓는 사례도 많습니다. 이렇게 또 매물이 나오게 됩니다.

넷째, 시설 하자 부담으로 일찍 매물이 나올 수 있습니다.

보통 고시원은 임대차 계약이 2년 단위로 진행됩니다. 주변 원장님들을 보면 2년 안에 매물을 내놓거나 임대료 인상이 높지 않다면 4년 정도 운영하고 내놓는 경우도 많습니다. 여기에는 두 가지 이유가 있는데요. 고시원 업종 특성상 시설 노후도가 높기 때문에 시설 하자에 대한 부담이 클 수밖에 없습니다. 행여 배관에 문제라도 생기면 꽤 골치 아파지는 거죠. 운영하는 동안 큰 문제는 없었으나 앞으로 시설 하자 문제가 생길 것 같은 불안감을 못 이겨 양도를 원하는 분들이 계시기에 이렇게 매물은 또 나옵니다.

그리고 임대료 인상 이슈도 있는데요, 임대인이 임차인 바뀔 때 임대료를 대폭 상승시키면 순이익이 떨어져 양도할 때 권리금도 떨어질 수밖에 없기 때문에 미리 빠져나오는 경우도 있습니다. 2년 계약을 했는데 갱신 시 5퍼센트 임대료 상승한 금액에서 추후에 임차인이 바뀌면 임대차보호법 5퍼센트 인상 적용 없이 월세나 보증금을 올릴 수 있기 때문에 양도자 입장에서는 부담이 커질 수밖에 없는 것이죠. 그래서 임대료 이슈로 인한 엑시트 목적으로 매물이 나오기도 합니다.

고시원 사업을 시작할 때 성공, 실패 사례 조사를 하면서 왜 돈 되는 고시원이 매물로 나오는 건지 궁금했는데 시장에 직접 뛰어들어 경험해 보니 이런 이유들이 있었습니다. 참고로 요즘 고시원 시장에서 시세차익 보기 힘들다고들 하지만 저희 수강생분들은 진주 같은 매물을 꼭 기수마다 한 분 이상씩 찾아냅니다. 손바뀜 없이 오랫동안 운영한 고시원을 벨류업 시켜서 권리금 시세차익을 볼 수 있는 매물들을 만나고 있으니 요즘 권리금 시세를 모르는 1세대 원장님들의 매물이 나타나면 재빠르게 움직이시기 바랍니다. 여기에 광고도 없이 입소문과 간판 장사만으로도 방을 채우는 곳은 더더욱 좋습니다.

마지막으로 경계해야 하는 매물도 있으니 주의를 기울여야 합니다. 손바뀜이 자주 일어나거나 양도자가 너무 급히 고시원을 넘기는 경우를 들 수 있습니다. 사업자 등록증을 확인하면 바로 알 수 있으니 정확히 얼마 동안 운영했는지 왜 되파는 건지 꼭 물어봐야 합니다. 최근 1년 이내에 양도인이 여러 번 바뀐 경우도 있을 수 있습니다. 한번은 개인 사정으로 그럴 수 있다고 쳐도 두 번, 세 번 바뀌는 경우는 고시원에 운영상의 문제가 있는 건 아닌지 의심해 볼 필요도 있습니다. 건물 상가 관리실 아저씨가 계신다면 ○○고시원 무슨 이슈가 있었길래 임차인이 이렇게 자주 바뀌는 거냐며 물어보는 것도 방법입니다. 빈손으로 가지 말고 흔한 드링크음료 대신 맛있는 간식 등으로 정성을 들여 물어보면 물어보지 않은 것까지 술술 알려주십니다. 좋은 마음, 간절한 마음으로 다가가면 분명히 도움을 받을 수 있습니다. 실제 저희 수강생분들이 효과를 본 방법이니 마음에 드는 매물이라면 적극적으로 움직여 보길 바랍니다.

컨설팅 꼭 받아야 할까?

고시원은 현금이 오고 갑니다. 고시원 입실자들은 월세를 카드로 내지 않고 대부분이 계좌이체를 합니다. 제가 운영하고 있는 고시원은 방이 53개인데 글을 쓰고 있는 시점 현재 기준으로 카드 결제는 3~4명밖에 없습니다. 그리고 손님 중에는 신용 불량자도 있고, 뱅킹이 어려운 외국인도 있고, 인터넷 뱅킹 이용 자체가 어려워 현금으로 지불하는 분들도 계십니다. 신용카드 전표로 매출과 순이익 확인을 하면 좋으련만 현금 거래가 워낙 많다 보니 정확한 순이익 확인이 어렵습니다. 권리양도양수 계약 때 입실 현황을 살펴보면서 매출을 계산하는 게 전부입니다. 운 좋게 장부 관리를 꼼꼼히 한 양도자를 만나면 확인할 수 있다지만 사실 현금 거래가 많기 때문에 100% 믿기도 어려운 상황입니다. 계약 시점에서 입실자 현황으로 방 가격을 체크해서 매출 확인하고 임대료,

공과금 및 운영비 빼고 순수익 계산하는 게 전부입니다. 제대로 된 장부 확인도 없이 2억 3억 권리금 계약이 가능한 시장입니다. 고시원이 이런 시장입니다. 수요는 많고 공급은 적고, 터무니없는 가격에 내놓지 않는다면 조건 좋은 고시원 매물은 하루, 아니 반나절 만에도 거래가 됩니다. 그래서 양수자의 마음은 늘 조급합니다. 또 워낙 큰 금액이 움직이다 보니 초조하고 불안할 수밖에 없습니다. 이런 마음을 악용해서 이익을 많이 남기고자 하는 몇몇 컨설팅 업체나 부동산에서는 그들에게 유리한 방향으로 계약을 진행시킵니다. 권리금을 업 브리핑해서 이득을 취하는 부동산도 경계해야 하지만 더 큰 문제는 컨설팅을 명목으로 매물까지 연결시켜주는 업체입니다. 수익도 좋고 문제가 없는 고시원이면 비용을 들여서라도 컨설팅을 받고 안전하게 진입하겠지만, 소방 필증에 문제가 있다든지, 누수 문제나 임대인 이슈 등 말도 많고 탈도 많은 매물을 교육 비용, 컨설팅 비용, 인테리어 비용까지 단계마다 이득을 취하고 계약을 시킨 뒤 나 몰라라 하는 업체도 드물지만 존재합니다.

정보가 부족한 시장이고, 큰돈 들어가는 사업이라 불안한 마음도 이해합니다. 이런 상황일수록 더 알아보고 공부해서 스스로 판단할 수 있는 힘을 키워야 합니다. '쉽게 가자.', '편하게 벌자.'라는 마음이 결국 돌이킬 수 없는 상황을 만들 수도 있습니다. 내 돈 주고 하는 내 사업이기 때문에 내가 지켜야 합니다. 그렇다고 거창하고 대단한 공부가 필요한 것도 아닙니다. 결에 맞는 고시원 강의도 들어보고 임장도 많이 다니면서 고시원 보는 눈을 키우면 됩니다. 신뢰할 수 있는 부동산을 만나 이것저것 물어보면서 내공을 쌓으면 됩니다. 신뢰할 수 있는 부동산을 찾았다는 건 그만큼 여러 부동산 문을 두드렸다는 것이고 그만큼 발품도 많이 팔았다는 뜻이겠죠.

제가 고시원을 처음 시작하고 제 가족과 친구 동료 등 주변 사람들에게 고시원 사업을 알리고 제 고시원까지 14개를 계약시키면서 컨설팅 없이도 순조롭게 계약하고 만실 운영까지 잘해냈습니다. 이것저것 물어볼 때마다 일일이 설명하기 힘들어서 2시간짜리 PPT를 만들어 설명했습니다. 이 자료를 바탕으로 강의를 기획할 수 있었고 제 주변 지인들 계약과 운영을 도와주면서 쌓인 노하우로 유튜브 채널도 운영할 수 있었습니다. 고액의 컨설팅 비용 없이 제 강의와 유튜브 영상으로도 충분히 고시원을 잘해낼 수 있다는 걸 알려드리고 싶었습니다.

2025년 2월 기준으로 현재 128명의 전체 수강생 가운데 85명이 원장님이 되셨습니다. 강의만으로도 충분히 잘 해내고 있습니다. 무조건 컨설팅을 경계하라는 건 아닙니다. 효율성을 따졌을 때 충분한 가치가 느껴진다면 진행하서도 좋습니다. 다만 내가 계약하려는 매물이 문제가 있는지 없는지 수익성이 좋은지 나쁜지 따져볼 수 있는 힘은 키우셔야 한다는 뜻입니다. 불안한 마음을 깔고 쉽고 편하게 성공하고 싶은 마음이 더해진다면 오히려 타깃이 되어 이용당할 수 있습니다. 물론 열심히 정직하게 일하시는 컨설팅 업체분들이 훨씬 더 많습니다. 하지만 단 한 명의 피해자도 생기지 않았으면 하는 바람으로 몇 자 적어 봤습니다. 무조건 믿고 맡기기보다는 돌다리도 두드리고 건너는 심정으로 꼭 주체적으로 알아보고 진행하셨으면 좋겠습니다.

반드시 피해야 할
부동산이 있습니다

고시원 강의를 할 때마다 사전 설문 조사를 받습니다. 고시원 창업 준비 과정 가운데 궁금한 점을 남겨달라고 하면 빠지지 않고 나오는 질문이 있습니다. "고시원 계약할 때 사기당하지 않는 방법이 궁금합니다." 왜 사람들은 이런 질문을 할까요? 고시원 시장에서 우리는 왜 손해볼 걱정, 사기당할 걱정을 해야 하는 걸까요? 현금이 돌고 순이익이 높은 아이템이다 보니 권리금은 다른 업종에 비해 월등히 비싼 편입니다. 그래서 드물지만 부동산에서는 권리금 작업을 하기도 합니다. 요즘에는 고시원 강의도 많아지고 커뮤니티도 잘되어 있어서 권리금으로 사기를 치거나 문제가 생기면 금세 소문이 나서 예전처럼 권리금 작업을 많이 하지는 못합니다만 여전히 일어나고 있는 일입니다.

예를 하나 들어보겠습니다. 실제로 벌어지고 있는 흔한 일입니다. 최근 고시원 사업에 뛰어들고 있는 사람들은 대략적인 권리금에 대해 잘 알고 있습니다. 부동산에서 매물 브리핑을 수시로 받고 있으니까요. 하지만 10년, 20년 넘게 한자리에서 고시원 운영하셨던 원장님들은 요즘 고시원 시세를 오히려 모르고 계시는 분들이 많습니다.

그럼 여기서 잠시 부동산에서 매물 확보하는 방법을 알아보겠습니다. 고시원을 운영하다 보면 여러 부동산에서 수시로 전화를 받게 됩니다. 부동산 사무실에서 하루 종일 전화만 하시는 분들도 계시는데요, 네이버 지도 등을 보고 무작위로 고시원 원장님께 전화를 합니다. "안녕하세요? ○○부동산인데요. 혹시 고시원 매도 계획 있으실까요?" 이렇게 시작해서 "저희 쪽에 손님이 계셔서요. 원하시는 권리금에 잘 맞춰 드릴게요."라고 권리금 얼마 생각하고 있냐고 묻습니다. 대화를 하다가 시세보다 권리금을 낮게 부르는 양도자를 만나면 소위 '인정작업'을 하기 쉽습니다.

상황을 가정해 보겠습니다. 현 시세로는 권리금 1억 5천 정도 하는 고시원 매물을 양도인은 시세를 잘 몰라 1억에 내놓습니다. 하지만 부동산은 손님들에게 1억 5천만 원에 브리핑을 합니다. 그리고 손님들에게 이렇게 말합니다. "저희가 최대한 원장님 잘 설득해서 2천만 원 깎아 볼게요. 1억 3천에 어떻게든 해 볼게요. 복비 두둑이 챙겨주세요." 그리고 부동산은 양도인에게 "제가 1억 3천만 원까지 받아보겠습니다. 대신 제가 천만 원 가져갑니다."라고 제안합니다. 이런 게 흔히 말하는 인정작업입니다. 권리금 1억에 거래할 수 있는 매물을 양수인에게 1억 3천에 팔고 양도인에게 1천만 원과 양수인에게는 복비를 더 두둑이 받는 거죠. 그래서 권리금을 처음부터 잘 깎아주는 곳은 조심하고 경계할 필요가 있습니다.

생각해보십시오. 고시원 시세는 시장가격에 따라 움직이는 것이지 부동산의 입김으로 움직이는 게 아닙니다. 물론 권리금을 얼마에 내놓아야 빨리 팔릴지 부동산과 협의는 할 수 있습니다. 그리고 적정 가격에 내놔보고 손님이 없으면 깎기도 하고 손님이 동시에 여러 명 찾아오면 다시 권리금을 올릴 수도 있습니다. 전적으로 양도자의 판단과 시장가격으로 이루어집니다. 양도자는 단돈 십 원 한 장도 손해 보고 싶지 않고 십 원이라도 더 받고 싶은 마음입니다. 적정선에서 권리금 협의는 가능하지만 큰 금액이 쉽게 깎이기는 쉽지 않기 때문에 계약을 서두르거나 금액 조율을 쉽게 해주는 부동산은 피하시기 바랍니다.

간단히 몇 가지 더 체크해야 할 사항입니다.

권리 계약할 때 꼭 챙겨야 하는 서류가 있습니다. 등기부등본, 건축물대장, 사업자등록증입니다. 부동산에서 확인시켜주지만, 본인이 출력해서 직접 확인해 보는 게 좋습니다. 거래하려는 매물의 융자 금액 확인 목적도 있지만 융자가 많은 매물의 경우 등기부등본 아래 페이지에 적힌 번호도 정확히 체크해야 합니다. 실제로 융자가 많이 잡힌 매물이라 등기부등본 페이지 하나를 떼고 보여주는 경우도 있었다고 들었습니다. 각종 서류 확인 후 계약 체결함이 기본적인 특약으로 들어가 있으니 계약 당사자인 본인이 서류는 직접 떼어보고 필히 확인해야 합니다.

또 이런 계약도 있었습니다. 월세 400에 건물 관리비가 150만 원이나 되는 상가였습니다. (매물 가격을 그대로 노출하기엔 조심스러운 부분이 있어 대략적인 금액으로 사례를 들었습니다.) 부동산에서 방 하나당 관리비 10만 원씩 따로 받으면 되니 신경 안 써도 된다며 건물 관리비를 명확하게 언급하지 않았습니다. 월세 400만 원만 강조해 월세가 저렴해 빨리 나가는 급한 물건이라며 서둘러 계약시키려는 분위기를 만들었다고 합니다. 계약하고 보니 공실이 여러 개 있었고 퇴실 예정인 방까지 하면 순간 공실이 10개가 생겨 관리비도 100만 원을 메꿔야 하는 상황이었습니다. 이런 경우 실제 월세는 건물관리비 150만 원을 포함해 550만 원이 됩니다. 부동산 쪽에서 관리비를 명확히 짚어주지 않았고 계약자도 정확하게 확인을 못 했기에 발생한 사례입니다. 다시 되팔고 싶어도 월세에서 건물관리비 150만 원이 더 붙는 상황이라 순이익은 150만 원이 더 깎이게 됩니다. 이런 경우 순이익이 떨어져 권리금도 떨어질 수밖에 없습니다.

직거래에 관한 이야기도 해 보겠습니다. 고시원은 안을 들여다보니 고시원만 거래하는 부동산이 따로 있었고 이 시장 안에서 거래되는 수수료 금액은 평균적으로 양도인 양수인 양쪽에서 500만 원씩 해서 총 천만 원입니다. 모든 거래가 그렇듯 고시원도 직거래 유혹에 빠지기 쉽습니다.

아는 분 중에 한 분이 매물 계약을 앞두고 있었는데 현 원장님(양도인)이 직거래를 권유했다고 합니다. 아는 지인이 공인중개사 자격증을 가지고 있어 수수료 20만 원 정도만 내면 되니 있어 복비 천만 원을 다 쓸 필요가 있겠냐며 설득을 했다고 합니다. 결국 부동산 없이 계약을 했는데 양도인 측에서 일방적으로 계약을 취소하겠다는 의사를 전달했다고 합니다. 개인적인 이유가 있겠지만 대부분 권리금 차익이 꽤 되면 팔아야겠다고 생각했다가 매물 보러 사람들이 많이 오면 마음이 바뀌어서 갑자기 거두는 경우가 있습니다. 본인이 다시 운영하고 싶은 마음이 생길 수도 있고 더 비싼 권리금에 계약하고 싶은 마음도 생길 테니까요. 이미 20만 원 수수료를 지급한 부동산은 양도인 쪽 사람이었고 어떤 도움도 줄 수 없는 상황이었습니다. 계약 진행만 해주는 거라서 다른 문제의 개입과 책임은 전혀 없었으니까요.

일방적으로 계약을 해지하는 경우 배액 배상을 받아야 하는데 양도인은 계약금만 넘겨주고 다 끝났다며 빨리 상황을 정리하려고 합니다. 양수자는 대출도 받아놓은 상황일 텐데 매물도 놓치고 모든 게 원점으로 돌아와 버렸습니다. 만약 정식으로 부동산 거래를 했다면 매도인이 해지도 함부로 못 했을 것이고 해지를 요구했다면 배액 배상도 받았을 것입니다. 무슨 일이 어떻게 생길지 모르기 때문에 직거래는 최대한 피하는 게 좋습니다.

다른 분야도 비슷하겠지만 고시원만 전문으로 하는 부동산은 매물 히스토리를 파악하고 있습니다. 이를 악용해서 문제 있는 물건을 싸게 거래시키는 경우도 있지만 반대로 신뢰할 수 있는 부동산에서는 문제 있는 매물을 걸러주고, 만약 양수자만 괜찮다면 약점을 잡아서 권리금 깎아주는 일도 할 수 있습니다. 그리고 이런 이점을 떠나 부동산을 끼지 않고 직거래를 한다는 것 차체가 아주 위험한 계약이 될 수 있습니다. 왜냐고요? 한쪽은 매물에 대한 정보를 다 알고 있고 다른 쪽은 매물에 대한 정보를 전혀 모르고 있으니까요. 양도인이 계약 끝내고 전화번호 바꾸고 연락 안 받으면 사실 끝입니다. 그렇기 때문에 꼭 안전한 거래로 보호받을 수 있는 장치를 마련해둬야 합니다.

다른 사례도 알아보겠습니다.

부동산에 대뜸 전화해서 "고시원 매물 있어요?"라고 물어보면 대부분 시큰둥한 반응을 보입니다. 진짜 거래를 할지 안 할지도 모르는 사람이고 상대 부동산에서 매물 정보를 얻기 위해 손님으로 위장하고 전화하는 경우도 허다하기 때문입니다. 그래서 부동산 매물을 찾을 땐 대면 상담 예약을 잡고 본인의 투자금 및 지역을 정확히 전달한 후 부동산과 친밀도를 쌓는 게 중요합니다. 발품을 최대한 팔아 여러 매물을 보면서 스스로 매물 보는 눈도 키워야 합니다. 그렇게 시간과 노력이 필요합니다.

그런데 이런 과정을 없이 처음 보는 손님에게 "이제 막 나온 저만 아는 물건인데요, 특별히 손님한테만 보여드리는 거예요. 물건 퍼지면 하루 이틀 사이에 팔릴 거라 무조건 빨리 결정하셔야 해요." 하면서 무조건 계약을 서두르게 만드는 부동산이 있습니다. 단독이라 물건이 돌면 안 된다고 해서 다른 부동산에서 매물 가격 비교도 해 볼 수 없습니다. 어떤 매물이 좋은지 판단이 설 수 없는 상태에서 사람 마음 급하게 만들고 종용하는 부동산은 최대한 피해야 합니다. 고시원은 나와 있는 매물 대비해서 찾는 사람이 워낙 많다 보니 물건이 시장에 나오자마자 팔리는 경우도 많고 바로 코앞에서 뺏기는 경우도 많습니다. 매물 보고 집에 가서 바로 가계약금 넣겠다고 했는데 1시간 만에 물건도 안 보고 가계약금을 먼저 넣은 다른 손님 때문에 계약을 못 한 사례도 빈번하게 벌어집니다. 이런 분위기 때문에 부동산 말에 휘둘리기 딱 좋을 수밖에 없죠.

물론 타이밍을 잘 잡는 것도 중요하지만 충분히 고시원 보는 눈이 길러졌을 때 진입해야 합니다. 그리고 부동산과 이미 친분이 쌓여서 신뢰할 수 있는 경우에 진행해야 합니다. 생각해보세요. 이런 급한 물건은 누가 봐도 좋은 물건이라 부동산에서 힘들게 설득하지 않아도 알아서 잘 팔립니다. 처음 본 사람에게 굳이 시간 들여 힘 쓸 필요가 없다는 뜻이죠. 그리고 사람이 하는 일인지라 친분이 있고 관계 형성이 잘되어 있는 사람에게 먼저 소개하지 않을까요?

PART 3

망하지 않는
고시원 계약 프로세스

양도양수권리계약 특약
A to Z

고시원 창업에서 가장 중요한 단계! 양도양수권리계약입니다. 고시원 인수할 때 계약을 2번 진행하는데 양도양수권리계약을 먼저 하고 이후에 임대차 계약을 합니다. 양도양수권리계약은 기존 임차인에게 권리를 양도받는 계약으로 권리금이 오가는 과정에서 신경 써야 될 것들이 한두 가지가 아닙니다. 우리가 보통 사기를 당한다고 할 때 거의 대부분이 권리계약에서 벌어집니다. 준비 없이 분위기에 휩쓸려 계약서에 도장 찍고 나면 낭패를 볼 수 있는 일들이 많기 때문에 하나하나 잘 체크해야 합니다.

다른 업종에 비해 고시원 권리계약은 특약 비중이 높고 매우 중요합니다. 특약도 내가 고시원 시장에 대해 알고 있어야 유리한 조건을 달 수 있고 반대로 상대방이 요구하는 조건을 꼼꼼하게 체크하면서 조율할 수 있습니다. 그럼 하나씩 살펴보겠습니다. 참고로 아래 특약은 제가 처음 고시원 계약을 한 부동산과 꾸준히 연을 이어오면서 내용을 하나씩 추가하고 보완한 것들입니다. 모든 부동산에서 특약을 이렇게 준비해주지는 않습니다. 권리계약 하실 때 허술한 부분이 있을 수 있고 특약 내용이 아래와 상이할 수 있으니 꼭 아래 특약을 참고해서 권리계약 때 꼼꼼하게 체크하시길 바랍니다.

1. 현 시설 상태 계약이며 각종 서류 확인 후 계약을 체결하며 (등기부등본, 건축물대장, 토지이용계획확인원 등) 계약일 이후 각종 집기 일체 반품을 금지함. 단 대형 폐기물은 양도인이 처리하기로 함.

2. 건물주 임대차 현황은 현 상태를 유지하기로 하며 만일 현 임대차와 조건 변경 시 (보증금 및 임대료 상승 또는 특약의 변경) 양수인의 선택에 따라 무효로 할 수 있다. (5% 범위 내에서 인상률은 인정키로 함.)

3. 소방필증 명의 변경이 안 될 경우 위약금 없이 무효로 한다.

4. 잔금일 이전에 소방 사전 점검을 받기로 하며, 양도인은 이에 관한 사항에 협조하기로 하고, 지적 사항이 발견되어 수리를 요하는 경우에는 양도인의 부담으로 수리하기로 한다.

5. 잔금일 이후 1개월 이내에 시설에 대한 하자 (에어컨, 보일러, 스프링클러) 및 누수가 발생할 경우 양도인이 수리하여 주기로 한다. 또한 빈대 발생 시 방역비는 양도인이 부담키로 한다. (잔금일 기준 입실자에 한함.)

→ 보통 특약에는 누수에 대한 시설 하자만 명시되어 있는데 에어컨과 보일러, 스

프링클러까지 포함시켰습니다. 이를 수용해주는 양도인도 있지만, 본인 권리계약 시 누수 하자 책임만 있었고 에어컨, 보일러, 스프링클러는 포함되지 않았다며 인정할 수 없다고 할 수도 있습니다. 이때는 적정한 협의를 통해 조율할 수 있도록 합니다. 협의는 양도자 양수자가 한자리에서 같이 하는 게 아니라 각각 다른 방에서 부동산에 의견을 전달하면서 진행됩니다. 무리한 특약을 요구하는 과정에서 감정이 상하고 계약이 불발될 수 있기 때문에 특약이 정리되고 모든 합의가 끝났을 때 한자리에서 만나 계약서를 작성합니다. 참고로 아무리 양도자 우위 시장이라고 하지만 무조건 끌려가거나 불리한 계약 조건으로 도장을 찍을 수는 없습니다. 그 때문에 입실 현황이나 매물 정보 등이 브리핑받은 내용들과 다르다면 협의해볼 만합니다. 예를 들어 브리핑받은 순이익이 실제 계산해보니 차이가 많이 나거나 방 개수가 실제와 다르거나 공과금이 더 많이 나오는 등 이를 이유로 특약 협의를 조율하면 됩니다. 참고로 외벽 누수는 임대인이, 배관 등 시설 누수는 임차인이 책임집니다. 임대차 계약 시 이 부분도 꼭 체크하시기 바랍니다.

6. 각종 명의 변경은 현 상태로 양수인이 그대로 승계하기로 한다. (TV, 인터넷, 정수기, 도시가스 등) 단 렌탈상품지원금을 받은 경우에는 월별 계산하여 정산하기로 하며 추후 발견될 경우에는 양수인은 해지할 수 있다. 이때 위약금은 양도인이 부담하기로 한다.

→ 인터넷 계약 시 현금 지원을 받기도 합니다. 현금 지원 서비스로 목돈을 일시불로 받으면 매달 내는 인터넷 비용은 당연히 올라갈 수밖에 없습니다. 실제 십만원 중반대면 적정한 고시원에서 인터넷 비용 50만 원이 청구되는 사례가 있었

습니다. 현금 지원 서비스를 몇백만 원씩 받고 3개월 정도 잠시 운영하다가 다음 양수자에게 넘겨버리는 경우였죠. 이런 경우는 계약 기간을 월별 계산해서 나머지 금액을 양수인이 받아야 하는데 애초에 언급조차 안 해주는 부동산도 많습니다. 따라서 이 부분은 우리가 먼저 체크해야 합니다.

7. 입실료는 고시원 관행대로 일일 정산하지 않고 잔금일 기준 이전 입실료는 양도인이 수령하고 잔금일부터 들어오는 입실료는 양수인의 몫으로 한다.

    단, 장기입실자는 1개월을 공제한 나머지 금액을 반환하며 입실자에게 보증금을 받은 경우에는 전액 반환하기로 한다.

8. 잔금 시 공실 5개를 초과하여 발생하게 될 경우 초과분에 대하여 1개월 입실료를 반환하기로 한다.

    → 공실 특약에서 5개라고 개수가 정해진 것은 아니고 협의에 따라 달라질 수 있습니다. 제가 계약할 때는 만실로 브리핑받은 경우 잔금 시 3개까지 공실 인정하고 4개를 초과했을 때부터 방 1개당 1개월 평균 입실료를 받기로 협의하고 계약을 진행했습니다.

9. 잔금일은 건물주 사정 소방 필증 발급 여부에 따라 조정될 수 있습니다.

    명시된 특약 외에도 꼭 살펴야 할 것들이 있습니다. 입실자 나이, 입실 날짜, 방 가격 이 세 가지는 꼭 확인해야 합니다. 거주하고 있는 입실자들의 연령대가 어떻게 되는지도 파악하는 게 좋습니다. 70대 이상 노년층의 경우 관리의 어려움이 더러 있기에 운영이 걱정된다면 입실자들의 연령대를 고려해 매물을 고민해보는 것도 좋습니다. 그리고 장기 입실자 비율과 최근에 입실한 방 내역도 체크해야 하기 때문에 입실 날짜도 꼭 확인해야 합니다. 양도인이 권리금을 높게 받으려고 방 가격을 할인해서 급히 사람을 채워 만실을 만든 건 아닌지도 확인해야 하니 입실 날짜와 모든 방 가격을 꼼꼼하게 체크합니다. 그래야 순수익도 정확하게 다시 계산할 수 있습니다. 다른 업종에 비해 카드 매출이 거의 없고 현금이 움직이는 사업이다 보니 장부 자체는 사실 의미가 없습니다. 통장 내역이란 게 개인 사생활 문제도 있고 현실적으로 확인이 어렵기 때문에 고시원 매출과 순이익을 정확히 파악하기는 어렵습니다. 그래서 계약할 때 현재 매출과 순이익을 정확하게 확인해야 합니다. 입실자 정보는 운영 차원에서 꼭 확인해야 하는 부분입니다. 연령에 따라 운영 관리 방법이 달라지고 마케팅 방향이 달라집니다.

고시원은 전입신고가 가능합니다. 주거지원비를 받으려는 분들이 실제 거주는 하지 않고 전입신고만 가능하냐고 문의를 하기도 합니다. 이때는 실제 방 가격의 절반 혹은 3분의 1 정도를 받고 전입신고를 해주는 경우가 있습니다. 엄밀히 위장 전입이고, 공실입니다. 그런데 위장 전입으로 추가 수익을 얻고 공실에서 제외시킨 경우가 있었습니다. 이렇게 되면 양수인의 순이익도 줄어들고 공실 특약에서 손해가 크기 때문에 잘 체크하셔야 합니다. 추가로 전체 리모델링을 계획하고 있다면 명도가 필요할 것입니다. 이때 양도자가 명도까지 책임진다는 문구를 특약에 꼭 넣도록 합니다.

양도양수 권리계약 체크리스트

☐ 사업자등록증
☐ 등기부 등본
☐ 건축물 대장
☐ 고시원 등재 또는 2종 근린생활 시설인지 확인
☐ 불법 건축물 등재 여부 확인, 등재 시 어떤 부분이 불법인지 기재 사항 확인
☐ 소방필증
☐ 재건축 리스크 확인
☐ 임차인 임대차계약서
☐ 입실자 정보
☐ 매출 내역
☐ 지출 내역
☐ 공실 개수
☐ 전입신고로 이중 수익 여부

임대차 계약 시 주의사항

　임대인은 임차인이 바뀌면 월세 인상은 당연히 생각하고 있을 것입니다. 상가임대차보호법은 임차인의 권리를 보장하기 위해 만든 법으로 10년간 계약갱신청구권이 있고 임대료를 5% 이내에서만 올릴 수 있습니다. 전 임차인 계약을 승계받는 경우도 있지만 거의 대부분이 새롭게 작성을 합니다. 새로운 임차인과 새로운 계약을 성사시키는 것이라 5% 이상 인상이 가능합니다. 월세 브리핑은 현재 임차인이 지불하고 있는 금액으로 받았기 때문에 만약 임대료가 올라가면 그만큼 순이익은 떨어지게 됩니다. 따라서 임대료가 얼마까지 인상될지 상한선을 스스로 정해보고 그 이상 오르게 되면 다른 매물을 찾아보면 됩니다. 대부분 5% 인상에서 협상이 되지만 최고 15~20%까지 월세 인상하는 사례를 봤습니다. 시세보다 월세를 훨씬 적게 받고 있었거나 고시원 수익을 알아채 임대인이 작정하고 월세를 올리는 경우도 있습니다. 임대료가 오르면 순이익이 그만큼 떨어지기 때문에 각자만의 순이익 기준을 만들어야 합니다.

자, 그럼 생각해보겠습니다. 큰 폭으로 임대료가 올라간다고 무조건 매물을 패스해야 할까요? 자칫하면 수익성 좋은 매물을 눈앞에서 놓칠 수도 있습니다. 애초에 임대료가 현저히 낮았던 가격이라면 임대료가 상승해도 시장 가격과 크게 다르지 않을 수도 있습니다. 처음 브리핑받았을 때보다 수익률이 떨어져 손해보는 기분이라고 생각하기보다 전체적인 시장 흐름을 읽고 내 기준에 부합하는 수익률이라면 진행하셔도 좋지 않을까요? 만약 주변 고시원에 비해 방 크기도 크고 입지도 좋다면 깔끔하게 인테리어해서 방 가격을 올린 뒤 수익률을 더 끌어올릴 수도 있습니다.

여기서 우리는 엑시트하는 시점도 고민을 해야 합니다. 다음 임차인에게 양도할 때 임대인은 또 월세를 얼마나 올릴 것인가에 대해 어느 정도 예상은 하고 있어야겠죠. 그래서 계약 전에 임대인 성향을 미리 파악해 놓으면 좋습니다. 권리 계약할 때 부동산을 통해 양도인 임대차 계약서를 가져다 달라고 하면 됩니다. 미리 챙겨주는 부동산도 있지만 그렇지 않은 경우도 있으니 사전에 꼭 부동산에 말해놓는 게 좋습니다. 계약서 특약을 보면 임대인의 성향을 어느 정도 파악할 수 있습니다. 말도 안 되는 특약을 걸어 본인에게 유리한 계약을 하려는 임대인도 있고 별다른 특약 없이 깔끔하게 계약하는 분들도 있습니다.

그리고 계약 기간도 체크해보면 좋습니다. 요즘은 대부분이 2년 계약을 하지만 3년 계약을 해주는 임대인도 있고 더러는 1년 계약을 하는 임대인도 있습니다. 1년마다 5퍼센트씩 임대료가 올라간다면 임차인 입장에서는 부담이 매우 커집니다. 상가임대차보호법을 무시하고 임대인에게 유리한 특약이 많고 계약 기간도 1년밖에 안 되는데 임대료까지 많이 올린 상황이라면 고려를 해 보는 것이 좋습니다.

더 확실한 방법은 고시원 건물 상가 임차인에게 정보를 구하는 방법입니다. 임대인 성향이 어떤지, 월세는 얼마나 올렸는지, 동결이었는지 물어보는 것도 중요합니다. 만약 임대료가 올랐더라도 운영하기에 정말 매력적인 매물이라면 양도인과 협의하는 방법도 있습니다. 임대료가 오르면 양도인도 다음 임차인을 찾기 어려워지기 때문에 권리금을 협상해 볼 수 있습니다. 임대료 인상된 금액만큼 권리금에서 빼 달라고 제안을 해 보는 겁니다. 중간에서 조율을 해주는 부동산도 있지만 그렇지 않은 부동산에서는 양수자가 적극적으로 나서야 합니다. 만약 월세 50만 원이 인상됐다면 2년 치 인상된 월세를 권리금에서 깎아달라고 하는 것이죠. 50만 원에 12달이면 600만 원이고 2년이면 1,200만 원입니다. 양도자와 협의가 되면 1,200만 원을 빼고 잔금을 치르면 됩니다. 이렇게 협의해서 계약을 성사시킨 사례가 매우 많습니다. 이런 협의는 부동산을 통해 내용을 전달하기 때문에 복비를 더 챙겨 줄 테니 많이 깎아봐 달라고 적극적으로 의사표현을 하는 것도 좋습니다.

등기부등본과 건축물대장은 권리계약 때 잘 확인하셨겠죠? 지구단위 계획, 재개발 등 이슈가 있는지 체크하고 융자가 얼마나 잡혀 있는지도 꼼꼼하게 다시 봐야 합니다.

강남 매물은 건물주가 화해조서를 쓰는 경우가 종종 있습니다. 상가 임대차 계약에서 화해조서는 법적 분쟁이 발생했을 때 당사자들이 합의를 통해 작성하는 문서입니다. 당사자 간의 합의를 확인하고 그 내용을 문서화하여 재판상의 화해로 인정받는 것인데 계약 전에 임대인이 먼저 본인에게 유리한 화해조서를 작성해와서 도장을 찍어달라고 합니다. 상식적인 요구는 받아들일 수 있지만 말도 안 되는 사유로 깐깐하게 요구하면 고시원 운영하면서도 신경 쓸 일이 많아질 수 있으니 잘 생각해보고 꼼꼼하게 내용 확인을 해야 합니다. 하지만 임대차 계약 현장에서 판단하기에는 시간도 부족하고 분위기에 휩쓸리다 보면 판단력이 흐려질 수 있습니다. 이럴 때는 이해가 잘되지 않거나 불리한 특약 내용을 법률 상담 플랫폼에서 문의를 해 보면 좋습니다. 저렴한 비용으로 법률 상담을 받을 수 있으니 불합리한 조항은 없는지 법무사나 변호사가 한 번 더 체크할 수 있도록 합니다. 특약이나 화해조서보다 상가임대차보호법이 훨씬 상위개념의 법이어서 소송에 들어가면 임차인이 승소할 확률이 높지만 소송까지 가는 과정의 에너지와 감정 소모 등을 생각한다면 처음부터 일을 만들지 않는 것이 좋겠죠. 마지막으로 환산보증금이 넘어가는 금액의 매물은 임대차보호법 적용이 어려우니 아래 내용도 참고하시기 바랍니다.

1) 환산보증금이란

- 보증금과 월세(차임)를 합산하되, 월세를 일정 배수(통상 100배)로 환산한 금액을 의미함.

  즉, "보증금+(월세×100)" 방식으로 계산하며, 상가건물 임대차보호법상 핵심 보호 조항(계약갱신청구권, 5% 이내 인상 제한 등) 적용 여부를 판별하는 기준임.

2) 환산보증금 제도의 취지

- 상가건물 임대차보호법은 임차인을 보호하기 위해 마련된 제도이지만, 보증금·월세가 지나치게 높은 계약까지 동일하게 보호하지 않기 위해 일정 한도를 설정함.

- 환산보증금이 법령에서 정한 기준 이하일 경우, 법의 보호를 폭넓게 적용받을 수 있음.

3) 기본 계산 방식

- 환산보증금=보증금+(월세×100)

  예) 보증금 1억 원, 월세 700만 원일 경우 → 1억+(700만×100)=8억 원

4) 지역별 기준 금액 (2022년 6월 1일 시행령 기준)

- 수도권 과밀억제권역(서울 등): 9억 원 이하

- 수도권 과밀억제권역 외 광역시·일부 지자체: 6억 9천만 원 이하

- 그 밖의 지역: 5억 4천만 원 이하

  위 기준액을 초과하는지 여부가 상가건물 임대차보호법상 주요 보호 조항을 적용받는 데 중요하게 작용함.

5) 주의사항

- 환산보증금이 위 기준을 초과하면, 상가건물 임대차보호법의 핵심 보호 조항(계약

갱신청구권 최대 10년, 월세 5% 이내 인상 제한 등)이 그대로 적용되지 않을 수 있음.

- 이에 따라 임대인이 계약 갱신을 거부하거나 월세를 크게 인상할 여지가 생길 수 있으므로 주의가 필요함.

6) 협상 사항

- 기준 초과 시 임대차 기간, 임대료 인상폭 등 계약 조건을 임대인과 직접 협의해야 함.

- 가능하다면 월세·보증금 비중을 조정해 환산보증금을 기준 이하로 맞추는 방법을 고려해볼 수 있음.

- 부득이하게 기준을 넘길 경우, 계약서에 구체적 조건(계약 연장, 인상률 제한 등)을 명시해 분쟁을 예방하는 편이 바람직함.

잔금일까지 해야 할 일: 소방필증 준비

　권리계약 마치고 잔금 날짜까지 무엇을 준비하면 될까요? 고시원은 다중이용업소라 소방필증을 꼭 발급받아야 합니다. 우리가 말하는 소방 필증의 정확한 명칭은 안전시설등완비증명서입니다. 고시원은 다중이 용업소로 분류되기 때문에 사업자등록증 발급 시 소방필증은 필수 준비 서류입니다. 이미 고시원으로 허가받은 영업장을 인수하는 것이기 때문에 재발급을 받으면 되는데요, 소방필증을 받으려면 몇 가지 준비 사항이 있습니다.

　첫째, 소방안전교육이수증을 받아야 합니다. 한국소방안전원 인터넷 사이트에서 교육을 이수합니다.

　둘째, 화재보험 가입 증서입니다. 화재보험에 가입하려면 MU(다중이용업)번호가 필요한데 소방서에 문의하면 알 수 있습니다.

셋째, 양도양수권리계약서입니다.

여기서 중요한 체크 사항이 하나 더 있습니다. 지자체에 따라 임대계약서를 함께 요구하는 소방서도 있으니 사전에 소방서에 문의해서 필요서류를 꼭 확인하시기 바랍니다. 소방서에서는 필증 발급에 필요한 소방업무를 고시원에 방문해 이미 다 끝낸 상황인데 임대차 계약이 성사되지 않으면 어떻게 될까요? 소방서 입장에서는 임차인이 바뀔 때 또 점검을 나가야 해서 두 번 일을 해야 하는 상황이 발생합니다. 그래서 지역에 따라 임대차 계약서까지 요구하는 경우도 있습니다. 이때에는 권리계약을 마치자마자 임대차 계약 날짜를 바로잡아야 합니다. 하루라도 소방필증이 빨리 나와야 영업을 빨리 시작하고 돈도 벌 수 있으니까요.

그럼 여기서 질문 하나. '이미 권리계약에 임대차 계약까지 다 마쳤는데 소방필증 재발급이 안 되면 어떡하냐?'라는 걱정이 생길 수도 있겠죠? 그래서 소방필증 발급이 안 될 시에는 모든 계약이 무효가 된다는 특약을 꼭 넣어야 합니다. 이제 모든 서류가 준비됐다면 관할 소방서에 방문해서 소방 점검을 신청합니다. 소방 신청은 소방필증을 재발급받아야 하는 양수인이 진행합니다. 이때 주의사항은 만약 상호를 바꿀 계획이라면 바꿀 상호로 신청해야 합니다. 실수로 현재 상호로 소방필증을 발급받았다면 새로운 상호로 다시 재발급 신청을 해야 합니다. 한마디로 같은 일을 두 번 해야 합니다.

소방서마다 다르지만 보통 신청을 하고 점검 오기까지는 대략 1주 내외가 걸립니다. 업무량이 많으면 2주 가까이도 걸리기 때문에 부동산에서는 소방필증이 나오는 날 잔금 날짜를 잡기도 합니다. 부동산은 빨리 일을 마무리하고 수수료도 빨리 받아서 좋고 양수인 입장에서는 하루라도 빨리 영업을 하는 게 좋을 테니까요. 소방 점검 날짜가 정해지면 신청 접수를 한 양수인에게 연락이 갑니다. 날짜를 부동산에 전달하고 고시원에 양도인, 양수인, 부동산 모두 모여 상황을 소방 점검 상황을 체크합니다. 수리나 교체가 필요하거나, 소방법에 위반되는 부분이 있다면 양도인이 모두 조치합니다. 지적 사항이 마무리되면 소방필증과 함께 안전시설 세부 점검표를 받습니다. 이는 다중이용업소의 업주가 업소의 안전관리를 위하여 정기적으로 안전시설들을 점검하고 그 결과를 기록하는 점검표입니다. 분기마다 업주가 작성하고 작성 후에도 1년간 보관해야 합니다. 보관이 안 되어 있는 경우 300만 원 이하의 과태료가 부과될 수도 있습니다. 불시에 소방서에서 화재안전조사를 실시할 수 있으니 잘 챙기도록 합니다.

임대계약서를 미리 요구하지 않는 소방서의 경우는 소방필증을 양수인이 먼저 받아두고 임대차 계약을 진행하면 됩니다. 보통은 잔금날 임대차 계약까지 한 번에 진행합니다. 잔금 마무리가 되면 부동산 수수료를 지급하고 양도인과 양수인은 각자 폐업신고 및 사업자등록증 발급을 받으면 됩니다.

시간적 여유가 있다면 세무서에 가기 전에 인수인계를 받는 것이 좋습니다. 극히 드문 사례이긴 하지만 계약이 끝나면 공과금 명의 이전하고 이것저것 신경 쓰는 게 귀찮아서 일부러 전화를 안 받거나 응대를 잘 안

해주는 양도인도 있습니다. 이런 경우를 대비해 특약으로 '양도인은 인수인계까지 책임지고 잘 돕는다.' 등의 내용을 추가하기도 하지만 현실적으로 연락은 안 받으면 그만이기에 잔금 날 만났을 때 인수인계를 받아 놓는 게 좋습니다. 큰돈이 오고 가는 날이고 정신이 없다 보니 이것저것 놓치는 경우가 많기 때문에 인수인계 체크리스트를 준비해서 당일에 꼼꼼하게 인수합니다.

여기서 체크 포인트! 잔금 일정은 평일 오전 이른 시간에 잡도록 합니다. 생각보다 임대차 계약 및 공과금 정산 등이 길어질 수 있습니다. 인수인계까지 끝내고 나면 시간이 늦어져서 세무서 운영시간이 끝날 수 있습니다. 폐업신고 이후에 사업자등록증 발급이 가능하기 때문에 당일에 끝내기로 합니다. 물론 인터넷으로 폐업신청을 할 수 있지만 양도자가 즉각적으로 못 해주는 경우도 있고 보채기도 어렵습니다. 양수자 입장에서는 당일 세무서에 가서 사업자등록증 발급도 받고 확정일자도 받아 놓는 게 좋습니다. 사업자등록증이 빨리 나와야 네이버 스마트 플레이스 지도 등록도 빠르게 할 수 있습니다. 하루라도 빨리 플랫폼에 광고를 올려야 입실자들을 받을 수 있기에 서두르는 게 좋습니다.

소방필증 발급 과정

1. 소방필증 필요 서류 준비
- 소방안전교육 이수증(한국소방안전원 홈페이지)
- 화재보험 가입 증서
- 권리계약서 및 임대차 계약서
- 신분증

2. 관할 소방서 방문
- 준비된 서류를 제출하고 소방 점검 신청
- 신청 시 상호를 변경할 계획이라면 반드시 새로운 상호로 신청

3. 현장 방문 소방 점검
- 소방서에서 정한 점검 날짜에 현장 방문
- 점검에 참석해야 할 사람: 양도인, 양수인, 부동산

4. 지적사항 조치 및 소방필증 발급
- 소방 점검에서 발생한 지적사항은 양도인이 책임지고 조치
- 모든 지적사항 조치 완료 후 안전시설등완비증명서(소방필증) 발급

[별지 제10호서식]

안전시설등 세부점검표

1. 점검대상

대 상 명			전화번호	
소 재 지			주 용 도	
건물구조		대표자	방화관리자	

2. 점검사항

점검사항	점검결과	조치사항
①안전점검표비치 적정여부		
②방염대상물품 및 방염처리상태 적정성		
③소화기 및 간이소화용구의 비치적정 및 기능점검		
④간이스프링클러설비 적정성		
⑤피난설비 적정성		
- 유도등·유도표지, 비상조명등, 피난 기구등 기능점검		
⑥경보설비의 적정성		
- 비상벨설비, 비상방송설비, 가스누설 경보기 기능점검		
- 경보설비의 각실 설치여부		
⑦방화시설의 적정성		
- 방화문 성능의 적합성 (시험성적서, 열림구조, 기밀도등)		
- 비상구(비상탈출구)의 구조 적합성 (크기, 위치, 피난용이성 등)		
⑧영상음향차단장치 기능점검		
- 위치, 작동방법등		
⑨누전차단기의 기능점검		
⑩피난유도선 확인		
- 피난유도선의 각실 배치여부		
⑪화기취급장소 및 위험물 안전관리 상태		

210㎜×297㎜(신문용지 54g/㎡(재활용품))

부동산 수수료

일반적인 부동산 중개 수수료는 법정 수수료를 계산해서 받습니다. 하지만 고시원 거래는 조금 다릅니다. 결론부터 말하면 고시원 중개 수수료는 양도인 양수인에게 각각 500만 원씩 받습니다(2024년 기준). 부동산 재량으로 투자금 대비 순이익이 많이 나오는 매물은 600만 원, 700만 원 이상을 받기도 합니다. 무권리 매물의 경우는 천만 원 이상을 요구하기도 하죠. 제가 세 번째로 계약했던 고시원 매물의 경우 깎고 또 깎아서 부동산 수수료를 1,500만 원 지불했습니다. 투자 금액 대비 순이익이 월등히 높거나 권리금이 월등히 낮거나 무권리라면 특수물건이라 해서 더 많은 수수료를 요구하기도 합니다.

초반에는 법정 수수료를 지키지 않고 이렇게 해도 되는 건가? 의문을 품은 적이 있었습니다. 그런데 업계에 들어와 보니 일반 업종에 비해 권리금이 매우 높아서 권리금 계산이 다소 달랐습니다. 통상적으로 일반 상가에서는 권리금에서 5% 정도의 수수료를 받는데요, 고시원 권리금은 억 단위로 움직이기 때문에 5% 계산법을 적용하면 부동산 수수료가 너무 높아지기 때문에 나름의 상한선을 정한 것 같습니다. 그래서 고시원을 전문으로 다루는 부동산에서 함께 움직이는 가격은 500만 원 정도로 보면 됩니다. (보증금 권리금 포함)

그리고 부동산 복비는 절대 선불로 지급하지 마세요.

부동산 수수료는 권리계약 및 임대차 계약 모두 끝내고 잔금까지 다 주고받은 후에 마지막으로 지급해야 합니다. 일부 부동산에서는 권리계약을 끝내고 임대차 계약 전에 수수료를 절반 요구하기도 하는데요, 계약 해지된 후 선입금된 중개수수료는 반환하지 않는다는 특약이 계약서에 있어서 못 돌려받는 경우도 있습니다. 또 어떤 부동산에서는 계약서에 특약조항 없이 부동산 중개 수수료 일부를 먼저 요구하고 계약 해지 사유 상관없이 무조건 돌려주지 않는 곳도 있습니다. 그러므로 부동산 수수료는 임대차 계약 후 잔금까지 다 처리되고 나면 가장 마지막에 처리하시면 됩니다.

인수인계 체크리스트

부동산 중개수수료까지 보내고 나면 이제 인수인계가 남았습니다. 앞으로 고시원 운영을 원활하게 하려면 인수인계를 꼼꼼하게 잘 받아야 합니다. 많은 수강생들의 사례를 살펴보면 인수인계를 어떻게 받았느냐에 따라 운영 중 대처 방법이나 스트레스 강도까지 달라집니다. 양도자의 성향에 따라 꼼꼼하게 알려주는 사람이 있는가 하면 대충대충 알려주거나 전화 연락도 잘 안 되는 경우가 있습니다. 이런 상황에서 '나는 원장님 복이 없네.'라고 한탄하기보다는 상황을 나에게 유리하게 바꿀 수 있는 노력이 필요합니다. 몇 가지 방법을 알려드리겠습니다.

첫째, 첫 만남에서부터 양도자에게 좋은 인상을 심어주도록 합니다. 요즘에는 무인으로 운영하다 보니 임장 갈 때 양수자는 양도자 얼굴을 보기 어렵습니다. 그래서 권리계약 때 첫 대면을 하는 경우가 많은데요.

권리금 협의 및 특약 등이 최종 조율이 된 다음 함께 모여서 계약서 작성을 하게 되는데 이때 좋은 인상을 심어주는 게 좋습니다. 아무래도 양수자 입장에서는 고시원 매물 흠을 최대한 잡아서 권리금을 깎고 싶지만 이때 양도자에게 직접 말하기보다 부동산에 맡기는 게 좋습니다.

계약 과정에서 마음이 상하는 일이 없도록 부동산과 잘 조율해서 계약을 진행시켜야 합니다. 웃는 얼굴에 침 못 뱉는다고 예쁜 미소로 "어려 보이셔서 고시원 원장님인 줄 몰랐어요. 원장님 인상이 좋으셔서 입실자 분들 계약이 잘됐겠어요.", "고시원 관리 정말 잘하셨더라고요. 원장님께서 워낙 관리를 잘해주셔서 제가 편하게 운영할 수 있겠어요. 고시원 선배님이시니 많이 도와주세요."라고 먼저 인사를 건네면 어색함도 사라지고 분위기가 화기애애해집니다. 만약 양도인이 생각했던 권리금을 못 받거나 조금이라도 불리한 계약을 했다면 양도인의 기분을 잘 살펴 호감 가는 이미지를 보여주도록 합니다.

둘째, 양도자가 비협조적이거나 인수인계를 잘 받을 수 있을지 불안하다면 특약으로 "양도인은 양수인의 고시원 운영에 필요한 교육에 적극 협조한다."라는 항목을 추가하도록 합니다. 양도인에게 인수인계의 중요성을 각인시키는 거죠. 위 내용을 양도양수권리계약 파트에서 첨부한 특약조항에 넣진 않았습니다. 필수 사항은 아니어서 생략했지만 특약이라는 게 각자 상황에 맞춰 조율할 수 있는 부분이기 때문에 양자 간 합의만 된다면 얼마든지 내용을 추가해서 계약할 수 있습니다.

인수인계가 별거 아닌 거 같지만 초보 원장의 경우 모든 것이 막막하고 처음 하는 것들이라 겁이 날 수밖에 없습니다. 그러므로 고시원을 먼저 운영했던 전 원장님께 초반에는 많이 의지할 수밖에 없습니다. 많은 시행착오를 겪고 쌓아놓은 노하우가 있기 때문에 인수인계를 빠짐없이 잘 전달받아야 합니다. 큰돈이 오고 가는 날이고 원장님이 되는 첫날이라 정신이 하나도 없기 때문에 인수인계를 챙기지 못하는 경우가 많습니다. 나중에 고생을 덜하려면 꼼꼼하게 챙겨야 합니다.

그럼 하나씩 살펴보겠습니다. 공과금은 부동산에서 잔금 당일 미리 도착해 정산을 끝내 놓습니다. 우리가 신경 써야 할 것은 입실자 내역, 매출 및 지출 내역, 공실 재확인입니다. 권리계약 때 받았던 브리핑과 달라진 점은 없는지 꼼꼼하게 체크합니다. 권리계약 때는 개인정보 등을 이유로 계약서 확인이 어려웠기 때문에 잔금 치르기 전에 입실 현황을 꼼꼼하게 체크합니다. 권리계약 때 받은 간단한 입실자 정보 및 방값 등을 입실계약서를 보면서 꼼꼼하게 확인하고 이상 있는 것들은 잔금 전에 처리하도록 합니다.

고시원 운영을 하다 보면 가장 불안한 것 중 하나가 예고 없이 울리는 소방 경종입니다. 입실자 중에 실내에서 흡연을 했거나 감지기 오작동 및 화재경보벨을 잘못 눌렀을 경우 온 건물이 흔들릴 정도로 소방 경종이 울립니다. 즉각적으로 대처를 해야 하기 때문에 소방 경종 복구 방법을 미리 확인해야겠죠? 화재 수신기 원리는 비슷하지만 제조사마다 모델이 차이가 있어서 전 원장님에게 어떻게 복구하는지 방법을 꼭 물어봐야 합니다. 한 번 듣고 나면 잊어버리니 꼭 영상으로 찍어놓도록 합니다.

고시원은 여러 사람이 거주하는 곳이다 보니 전기가 갑자기 끊긴다거나 수도에 문제가 생길 수도 있습니다. 이는 바로 민원으로 이어지겠죠? 우리는 최대한 고시원 가는 횟수를 줄여야 합니다. 갑자기 전기나 수도 설비하시는 분들이 왔을 때 전기 차단기, 수도 계량기 위치 등을 알고 있어야 현장에 가지 않고 바로 대처가 가능합니다.

다음으로 에어컨과 보일러 사용법입니다. 물론 기계를 몇 번 만져보면 파악할 수 있습니다. 유튜브에 브랜드와 모델을 검색해서 이용 방법도 상세하게 안내받을 수 있습니다. 우리가 체크해야 하는 건 초여름과 한여름에 밤낮으로 에어컨 온도는 몇 도로 설정해 놔야 하는지, 몇 시간마다 가동해야 하는지 등입니다. 초겨울과 한겨울 난방 온도는 몇 도인지, 실내온도로 맞췄는지 온돌온도로 맞췄는지, 타이머 기능을 써서 시간예약을 하는지 풀가동을 하는지 등 온도 설정 방법과 가동 방법을 알고 있어야 합니다. 그리고 방 안에 개별 에어컨이 있으면 상관없지만 대부분의 고시원은 덕트를 사용합니다. 그래서 개별 에어컨보다 민원이 더 많을 수 있습니다. 누구는 같은 온도에서 실내가 너무 더우니 온도를 내려달라 하고 또 누구는 너무 추우니 온도를 올려달라고 합니다. 방 안에는 에어컨 바람을 조절할 수 있는 장치가 있지만 무용지물인 경우가 많습니다. 모든 사람의 의견을 받아주다 보면 이리저리 휘둘리기 쉽습니다. 당연히 운영하는 데도 어려움을 겪겠죠? 양도자에게 어떻게 냉방 조절을 했는지 정확히 전달받고 원칙에 따라 관리하면 됩니다. 그리고 해마다 체감하는 더위와 추위도 다를 수 있기 때문에 이전 원장님이 알려주신 내용을 기본값으로 그때그때 상황에 맞게 변화를 주면서 이상적인 온도를 찾으면 됩니다. 참고로 외풍이 심하고 난방이 잘 안 되는 고시원 환경에서는 실내온도 모드보다 온돌 모드로 설정해야 가스비가 덜 나옵니다. 실내온도를 감지하는 온도조절기가 방 외부에 있거나 외풍이 심한 창문 쪽에 있으면 온도조절기가 위치한 곳의 온도를 감지해 가스비가 더 많이 나올 수 있으니 참고하세요.

그리고 꼭 빠뜨려서는 안 되는 게 거래 설비 기사님 및 관련 업체 연락처입니다. 이전에 고시원 수리를 하셨던 분들은 이미 고시원 사정을 잘 알고 있습니다. 그래서 양도인이 가지고 있는 설비업자분들 연락처를 확보해 놓으면 문제가 생겼을 때 바로 대처하기 좋습니다. 처음부터 부딪혀서 헤쳐 나가려면 많은 비용과 시간이 투여될 것입니다. 운영하는 데 불편함이 없도록 꼼꼼하게 챙기시기 바랍니다.

인수인계 체크리스트

항목	세부내용	체크 여부
매출 및 지출 내역 확인	- 매출 및 지출 내역서 확인 - 공실 여부 및 브리핑과 차이점 확인 - 입실자 정보	☐
공과금 정산 확인	- 전기, 수도, 가스 등 공과금 잔금 정산 여부 확인	☐
소방 경보장치 점검	- 화재 수신기 동작 방법 설명받기	☐
전기 및 수도 시설 확인	- 전기 차단기와 수도 계량기 위치 확인 - 주요 설비 이상 여부 점검	☐
냉방 및 난방 점검	- 에어컨 및 보일러 설정 온도 및 가동 시간 확인	☐
설비 연락처 확보	- 기존 설비 기사님 및 관련 업체 연락처 확보	☐
운영 매뉴얼 확보	- 기존 운영 매뉴얼(있다면) 요청 및 검토 - 입실자 관리 방식, 민원 처리 매뉴얼, CCTV 사용법 확보	☐

세금 및 입실자 현황 파악

인수인계가 마무리되면 양도인은 폐업 신고를 하고 양수인은 사업자 등록증을 발급받으면 됩니다. 사업자등록증은 임대차 계약서와 소방필증, 신분증을 지참하면 당일 신청해서 받으실 수 있습니다. 네이버 스마트 플레이스와 고시원 마케팅 플랫폼 등록에 필요하니 사업자등록증은 최대한 빨리 받도록 합니다. 이어서 각종 공과금 명의 변경을 신청하시면 서류 작업은 마무리됩니다. 확정일자도 꼭 받아놓도록 하고 세금은 매년 1월, 7월에 부가가치세, 5월에 종합소득세를 납부하면 됩니다. 고시원 사업자에게 필요한 자세한 세금 관련 정보는 표로 정리해보겠습니다.

잔금을 치르는 날은 신경 써야 할 게 참 많습니다. 잔금 날이 고시원을 인수받는 날이고 바로 이날부터 입실료 입금도 되기 때문에 고시원의 모

항목	설명
사업자 선택	개인사업자는 연매출 1억 5천만 원 이상 시 복식부기 의무 발생, 법인사업자는 매출과 관계없이 복식부기 의무 발생.
부가가치세 과세 유형	시설투자 시 일반과세가 유리, 임대인이 간이사업자일 경우 간이과세 유리, 월 매출 400만 원 미만이면 간이과세 추천.
간이과세자 조건	간이과세 기준 연매출 8,000만 원이나 대통령령에 의해 최대 1억 400만 원까지 적용 가능, 일반과세 사업장 보유 시 간이과세 불가.
업종 선택	고시원 업종 코드는 551016으로 숙박업, 숙박업의 경우 연매출 1억 5천만 원 이상 시 복식부기 의무 발생.
법인세	법인사업자는 매년 3월 법인세 신고 및 납부, 8월에 전년도 납부세액 50% 중간 예납 필요.
종합소득세	개인사업자는 5월 종합소득세 신고 및 납부(성실사업자는 6월), 11월 중간 예납 필요, 근로소득, 사업소득, 기타소득 포함.
부가가치세 신고	사업자는 1, 7월 확정신고 4, 10월 예정신고(매출 1억 5천만 원 미만 시 예정신고 면제 가능).
원천세	직원 고용 시 매월 또는 반기별 원천세 신고 필요, 급여 지급 다음 달 10일까지 원천세 납부.
부가가치세 산정 기준	부가가치세는 매출액과 매입액 차이의 10%를 납부, 임대료, 전기세, 통신비 등 포함.
현금영수증 의무 발행	고시원은 현금영수증 의무발행 업종, 10만 원 이상 건에 대해 반드시 발행 필요.
월세액 공제	고시원 거주 직장인은 연말정산 시 월세액 공제 가능, 현금영수증이 없을 경우 계약서 및 월세 이체내역으로 공제 가능.

든 상황을 다 파악하고 있어야 합니다. 가장 먼저 할 일은 정성 가득 준비한 간식 봉투를 문고리에 걸어놓는 일입니다. 원장이 바뀌었으니 입실료 입금 계좌도 빠르게 안내해야 하는데요, 문자 하나로 끝내지 않고 간식 봉투에 간단한 인사말과 계좌를 함께 적어 드리면 입실자들에게 좋은 이미지를 줄 수 있습니다. 입실자를 내 편으로 만드는 첫 번째 단추이기도 하죠. 혹시 공사가 필요하다면 소음이 발생돼 불편을 줄 수 있으니 미

리 간식과 함께 안내하는 것도 좋습니다.

전 원장님께 입실자 정보를 이관받거나, 받은 내용이 없다면 새로 작성합니다. 이때 저는 구글 스프레드시트를 사용하는데요. PC와 모바일 연동이 돼 사용하기가 편합니다. 입실, 퇴실 정보를 바로 기입하고 수정할 수 있어 입실자 관리가 용이합니다. 시트에는 호수, 이름, 기준 방 가격, 실제 방 가격, 창문 형태, 화장실 유무, 결제 유무, 입실일, 퇴실일 및 비고란을 만들어 놓습니다. 비고란은 특이사항이나 입실자 특징 등을 적어두면 좋습니다, 기준 방 가격과 실제 방 가격을 구분하는 이유는 방을 할인해주거나 본래 방 가격보다 높게 계약을 하는 경우가 종종 있습니다. 이때 기준이 되는 방 가격을 기록해두지 않으면 할인해준 방 가격을 원래 방 가격으로 착각할 수 있습니다.

그리고 의외로 많은 분들이 헷갈려하는 부분인데요. 입실 날짜가 예를 들어 4월 10일이면 퇴실일은 전날인 4월 9일이 됩니다. 고시원 입실료는 선불로 받기 때문에 4월 10일에 입실료를 받으면 다음 입실료는 5월 9일에 받으면 됩니다. 저는 초반에 퇴실 시간을 입실자들의 사정을 생각해 낮이든 밤이든 아무 때나 할 수 있도록 했는데 청소 일정을 맞추거나 급히 입실 예약이 잡히는 경우를 생각해서 사전에 입실자에게 공지하고 퇴실 시간은 정오 12시로 미리 정해두면 운영하기가 훨씬 수월해집니다.

PART 4

고시원 가치를 200% 끌어올려
수익률을 높여봅시다

인테리어 업체
구하는 법

서울에 생애 첫 집을 마련했습니다. 당시 평생 거주할 생각으로 전체 리모델링을 했습니다. 큰돈 들여 한 달을 시댁에서 지내며 인테리어 공사를 했습니다. 꿈에 그리던 내 집 마련인데, 평생 우리 가족이 살 공간인데 인테리어에 관심도 없었고 할 줄 아는 게 아무것도 없어서 인테리어 업체에 하나부터 열까지 다 맡겨버렸습니다. 깐깐하게 챙기는 성격도 아니고 '좋은 게 좋은 거다.'라고 생각하는 편이어서 지금 생각하면 왜 그랬나 싶을 정도로 신경을 안 썼습니다. 안방은 벽지가 아니라 페인트라는 것도 공사가 끝나고서야 알았고 가구 선택도 전문가 손에 다 맡겨버렸습니다. 제 의견은 "집에 들어오면 따뜻한 느낌이 들었으면 좋겠어요. 화이트 우드 콘셉트가 좋아요." 이게 끝이었습니다. 이랬던 제가, 그렇게 아무것도 몰랐던 제가 고시원은 인테리어 업체 없이 직영으로 업자를 따로 불러 인테리어를 혼자 힘으로 했습니다.

어떻게 이런 일이 가능했을까요? 지금까지 쭉 함께 일하고 있는 우리 도배 사장님 덕에 가능했습니다. 일 잘하는 사람 곁에는 일 잘하는 사람들이 모이기 마련입니다. 일 잘하는 도배 사장님 덕에 주변 인맥을 동원해 고시원 인테리어를 할 수 있었습니다. 차근차근 이야기를 풀어보겠습니다.

첫 고시원을 계약했을 당시는 코로나 시절이었고 37개가 넘는 방 절반 이상이 공실이었습니다. 이미 한자리에서 20년 넘게 고시원을 운영하고 있었던 곳이라 시설은 노후했고 인테리어가 필요했습니다. 3층짜리 통건물에 1층은 공용 공간이고 2층 3층은 룸으로 구성됐습니다. 처음 임장 갔을 때 1층 상태는 엉망이었습니다. 주방이 온통 기름때로 눅진눅진했고 싱크대에선 당장이라도 쥐가 튀어나올 것만 같았습니다. 온통 먼지투성이에 실제 바퀴벌레가 돌아다녔고 도무지 밥을 해 먹고 설거지를 할 수 없는 공간이었습니다. 바닥 상태도 엉망이었습니다. 이미 천장에 달린 등에도 기름때가 가득했습니다. 오래된 장판은 다 찢겨 있었고 타일도 기름에 뒤엉켜 있었습니다. 주방 수납장 손잡이는 노끈으로 칭칭 묶여 열 수 없는 상태였고 냉장고 문은 열자마자 신 김치 냄새가 진동을 했습니다. 1층은 전체적으로 손을 다 봐야 했습니다.

임대인이 본인 건물에서 직접 고시원을 공사해 운영하고 있었기에 기본 틀은 매우 좋았습니다. 객실이 있는 2층 3층 복도와 벽은 대리석이라 크게 손볼 곳이 없었고 방은 도배, 데코타일, 화장실은 쫄대 및 부속품 교체 등만 하면 되는 수준이었습니다.

문제는 1층 공용 공간인데 철거부터 벽, 바닥, 싱크대 등 전체를 다 손봐야 하는 상황이라 당시에는 멘붕 그 자체였습니다. 이미 공실이 절반이상이었고 월세에 공과금 내고 나면 남는 게 없어서 인테리어 업체를 불러 저희 집 인테리어를 한 것처럼 다 맡길 수 없는 상황이었습니다.

당시 아무것도 모르는 저는 도배 사장님부터 알아봐야겠다는 생각으로 검색창에 '○○역 도배'를 검색했습니다. 네이버 플레이스(지도)에 등록되어 있는 수많은 연락처에 차근차근 전화를 돌렸습니다. 일단 고시원 인근에 상주하고 있어서 작업도 효율적으로 할 수 있고 이후 고시원에 문제가 생기더라도 언제든 빨리 달려와 처리해줄 수 있는 업체가 필요했습니다. 고시원 인근에 있는 모든 도배업체에 전화를 했고 사장님의 응대가 가장 친절하고 적극적인 곳으로 리스트를 만들었습니다.

고시원은 1년 365일 영업을 합니다. 고시원 입실자들은 주중 주말 상관없이 입실, 퇴실을 하기에 주말에도 도배 작업이 가능한 곳이어야 했습니다. 견적을 받기 위해 일요일 늦은 오후 시간에도 고시원에 오실 수 있냐고 물었습니다. 주말에도 통화가 가능한 곳과 고시원 방문이 가능하다는 업체로 한 번 더 추렸습니다. 이렇게 고시원 인근에 있으면서 주말, 주야 상관없이 바로 오실 수 있는 친절한 사장님으로 최종 연락처가 정리되었습니다. 세 군데 업체를 직접 만나 견적을 받았는데 금액이 제일 저렴한 곳보다는 대화가 통하고 믿음이 가는 곳을 선정했습니다. 그리고 고시원에서 사무실도 집도 걸어서 10분 이내라고 하셔서 작업을 부탁드렸습니다.

당시엔 몰랐지만 수많은 수강생들 사례와 제 경험으로 비춰볼 때 도배나 바닥을 소위 날림으로 하는 곳도 많았습니다. 전화 통화하면서 느껴지는 그 친절함은 정직하고 꼼꼼하게 일하시는 모습으로 이어졌습니다. 덧방에 덧방으로 습기와 곰팡이가 가득했던 답 없던 벽지를 일일이 떼고 단열작업까지 해주셨습니다. 바닥도 기존 데코타일을 다 제거해서 새로 깔고 걸레받이까지 만들어 깔끔하게 마무리했습니다. 벽지와 바닥을 교체하고 가구는 최대한 살리는 방향으로 했고 누렇게 변색된 화장실 쫄대 정도만 교체해주면 방은 해결이 됐습니다. 화장실 수건걸이, 화장지걸이, 배관 트랩 등 소모품은 교체하고 타일 곰팡이나 전체적인 찌든 때는 이사청소 업체를 불러 진행했더니 새 화장실처럼 깔끔하게 마무리됐습니다. 도배 사장님이 소개해주신 이사청소 업체 사장님은 손이 야무지셔서 구석구석 깔끔하게 청소를 잘해 주셨습니다.

문제는 1층 휴게실이었는데 싱크대, 타일, 바닥, 도배 전체 공사가 들어가야 했습니다. 싱크대는 저희 집 인테리어를 해 주신 대표님께 거래처를 부탁해 튼튼한 싱크대를 저렴하게 공장가로 따로 구매했습니다. 타일도 거래처 소개를 해주셔서 을지로에서 타일을 따로 주문하고 타일 작업자분도 따로 구해 비용을 많이 줄였습니다. 기존 고시원에 있던 타일 사진을 보내 제일 저렴한 걸로 주문했고 타일 작업해주시는 분이 을지로에 가서 타일을 직접 가져와 작업해 주셨습니다. 주방 바닥과 벽지는 도배 사장님이 해주셨습니다.

생각보다 작업은 간단했습니다. 제가 할 일은 철거부터 완성까지 이틀 만에 끝내야 해서 작업 순서만 정하면 됐습니다. 공사 기간이 길어지면 입실자들의 불편함이 길어지고 이는 민원으로 이어질 수 있으니 최대한 빨리 해결해야 했습니다. 아침 일찍 전체 철거하고 같은 날 타일 작업하고 싱크대 설치하자마자 도배 후 바닥을 했습니다. 도배 사장님이 고시원 바로 인근에 계셨기 때문에 상황에 맞춰 바로 일을 진행할 수 있었습니다.

두 번째 고시원은 방 이외에 고시원 복도와 벽 페인트 작업이 있어서 이번에도 도배 사장님 인맥으로 간단히 해결했습니다. 이미 첫 번째 때 합을 맞춰봐서 도배 사장님과 두 번째 고시원도 무리 없이 마무리했습니다.

인테리어 업체는 얼마든지 구할 수 있습니다. 인터넷으로 알아보면 수많은 업체들의 포트폴리오를 확인할 수 있습니다. 견적을 받고, 합리적인 가격에 일 잘하는 업체를 구하면 됩니다. 문제는 견적 받은 가격이 과연 합리적인 가격인지와 믿고 맡길 수 있는 업체인지에 대한 걱정 때문에 고심이 많고 이게 스트레스가 돼서 업체 구하는 일은 쉽지 않습니다. 주변 지인 소개를 받을 수도 있지만 가정집 인테리어와 고시원 인테리어는 성격이 많이 다르기 때문에 고시원 경험이 있는 업체를 구해야 하는데 소개받기가 쉬운 일이 아닙니다. 그래서 커뮤니티가 중요합니다.

고시원 인테리어는 사실 포트폴리오가 중요하지 않습니다. 내가 사는 집 인테리어와 달리 고시원은 사용하는 사람들이 계속 바뀌고 그때그때

손봐야 할 것들이 많기 때문에 최소 비용으로 해결해야 합니다. 그리고 고시원 작업을 해 본 분들의 소개로 이어지는 게 가장 깔끔하고 손이 많이 가지 않습니다.

고시원 클래스를 운영하면서 원장님들의 커뮤니티가 이어지고 있는데 이곳에서 도배뿐만 아니라 인테리어 관련 업체나 누수, 배관, 보일러 등 시설 업체 연락처도 공유합니다. 시공해보고 착한 가격에 친절하게 일해주시면 업체도 공유하고, 터무니없는 가격으로 일을 제대로 하지 못한 업체들 역시 공유되기도 합니다. 커뮤니티 안에 있는 원장님들은 적절히 참고하면서 업체 소개를 받습니다. 이런 기회를 갖는 것이 매우 중요합니다. 그래서 커뮤니티가 중요합니다. 양질의 정보가 공유되는 고시원 원장님들 커뮤니티에 참여하는 것도 좋은 방법입니다. 제가 운영하는 고시원 강의를 수강한 분들은 '해나경 패밀리'라고 해서 꾸준한 네트워킹이 이어집니다. 전체 커뮤니티도 있고 원장님들 커뮤니티도 따로 운영하고 있습니다.

비수강생분들도 어떻게 하면 해나경 패밀리가 될 수 있냐는 질문을 많이 합니다. 함께 의지하면서 정보를 공유하는 커뮤니티와 소속감을 원하셨습니다. 그래서 해나경 유튜브 채널을 통해 고시원 원장님들을 모아 커뮤니티를 만들어드렸습니다. 각자의 경험이 노하우가 되어 많은 분들이 서로서로 도움을 받고 계십니다.

참고로 이렇게 만들어진 커뮤니티에서 인테리어 업체를 소개받는 게 좋습니다. 이미 검증이 된 업체니까요. 여러 업체를 소개받고 견적을 비교해 결정만 하면 됩니다. 저는 이런 커뮤니티에 소속되는 것도 노력이라고 생각합니다. 시간을 투자하고 에너지를 쏟아야 하는 부분입니다. 손품 발품을 많이 팔아야 좋은 고시원 매물을 남들보다 먼저 잡을 수 있는 것처럼 인테리어 업체를 구하는 일도 그렇습니다. 먼저 움직이고 많이 움직이는 사람들이 기회를 얻습니다. 이런 측면에서 커뮤니티 활동은 필요합니다. 무엇보다 고시원을 운영하다 보면 멘탈 흔들릴 일이 많은데 서로 의지하고 비슷한 경험을 나누면서 긍정적으로 슬기롭게 헤쳐 나갈 수 있는 힘을 키우는 것도 중요합니다.

돈 아끼는
고시원 리모델링 공식

방

고시원 창업을 염두에 두고 있다면 따로 손댈 필요 없이 바로 영업이 가능한 고시원을 할지, 인테리어를 진행하고 고시원을 밸류업해서 운영할지 미리 계획을 세워두면 좋습니다. 전자는 권리금이 높지만 따로 신경 쓸 일이 없어 운영에 수월한 이점이 있고 후자는 방 가격을 높여 순이익을 올릴 수 있습니다. 인테리어 비용이 추가되긴 하지만 시설이 낙후되거나 공실이 많은 고시원이라면 그만큼 권리금 이점이 있기 때문에 순이익을 올리고 엑시트할 때 권리금 차익까지 얻을 수 있습니다.

전체 명도 후 대수선이 필요했던 세 번째 고시원은 워낙 공사 규모가 커서 인테리어 업체를 구하고 턴키로 진행했지만 이를 제외하고는 혼자 힘으로 고시원 리모델링을 충분히 할 수 있었습니다. 제 경험을 토대로 주변 지인과 고시원 강의 수강생분들 사례로 봤을 때도 업체를 동반하지 않고 충분히 인테리어 공사를 해낼 수 있었습니다. 인테리어 경험이 없었기에 막막해하고 두려워했던 초보 원장님들도 막상 해 보니 충분히 해볼 만하다고 하셨습니다. 뭐든 일을 벌이면 마무리는 지어지기 마련입니다. 시행착오를 거치는 과정에서 얻는 것도 많고요. 이미 시행착오는 제가 경험했으니 이제 효율적으로 비용을 최소화하면서 인테리어할 수 있는 방법을 적어보겠습니다. 모든 걸 인테리어 업체에 맡기지 않아도 앞에서 언급한 것처럼 고시원 근처에 실력 있는 도배 사장님만 잘 만나면 충분히 해낼 수 있는 일입니다.

입실자들이 가장 중요하게 보는 건 본인이 직접 거주할 방 컨디션입니다. 방 사이즈는 얼마나 되는지, 수납은 잘 되는지, 창문은 있는지, 방은 쾌적한지 등이죠. 한정된 예산에서 리모델링을 한다면 일단 방에 먼저 힘을 실어야 합니다. 방은 도배와 바닥 그리고 화장실 쫄대(화장실 유리문 빈틈에서 방으로 물이 새어 나오지 않게 유리에 끼우는 고무)를 교체하면 됩니다.

도배는 일반 합지로 최대한 저렴하게 구매하시고 장폭과 단폭만 결정하시면 됩니다. 장폭은 비용이 조금 더 나가지만 벽지가 조잡하지 않고 깔끔하게 마무리됩니다. 도배 비용을 알아보면서 어떤 업체는 10만 원 이하, 또 다른 업체는 20만 원 넘게 견적이 나와 혼란스러웠던 경험이 있습니다.

당시 아무것도 몰랐던 저는 비용이 조금이라도 비싸면 '나에게 바가지를 씌우려고 그러는 건가?라고 의심부터 했습니다. 알고 보니 몰딩 없이 기존 도배지 위 덧방에 가구 빼지 않고 쭉 도배로 진행하면 얼마든지 저렴한 비용으로 도배가 가능했습니다. 가격은 저렴했지만 기존 도배지를 제거하지 않았기 때문에 곰팡이와 바퀴벌레가 완벽히 제거될 수 없었죠. 곰팡이 벽지를 걷지 않았고 겹겹이 쌓인 벽지 사이는 바퀴벌레가 서식하기에 아주 좋은 조건이니까요.

업체마다 가격이 상이하겠지만 10만 원 후반대 금액은 작업이 다르게 진행됩니다. 일단 기존 도배지를 모두 제거합니다. 곰팡이가 있었다면 약품처리도 하고 결로가 생기지 않도록 단열 마감도 합니다. 벽을 말려야 해서 바로 작업도 어렵고 벽지 폐기물도 많이 나오겠죠. 여기에 붙박이 장도 하나하나 떼어야 하고 복도 폭이 좁은 고시원은 공용공간이나 외부까지 가구를 옮겨야 합니다. 혼자서는 하기 어려운 작업이라 인건비도 추가됩니다. 벽지를 바르고 다시 가구를 옮겨와 설치까지 마쳐야 하죠. 몰딩 마무리까지 깔끔하게 끝냅니다.

바닥도 알아볼까요? 비용이 저렴하면 간단히 장판 재단해서 깔아놓는 정도입니다. 만약 기존 데코타일을 제거하고 다시 깔아야 한다면 비용이 더 추가될 수 있습니다. 걸레받이까지 하면 가격은 오를 수밖에 없겠죠? 이런 정보 없이 무조건 저렴한 비용으로 진행한다면 나중에 후회할 일이 생길 수 있습니다. 따라서 견적을 받았다면 구체적으로 작업이 어떻게 진행되는지도 꼭 확인하는 게 좋습니다.

저가의 미니룸과 고가의 프리미엄 원룸의 환경이 다르기 때문에 각자 고시원 상황에 맞게 진행하시면 됩니다. 무인 운영을 위해 저렴한 디지털 도어락을 설치하고 도어 인테리어가 필요하다면 시트지나 페인트 업자를 따로 불러 작업하면 됩니다. 방 사진은 바닥이 밝아야 환하고 따뜻하게 나옵니다. 관리하기 편하려고 어두운 색 바닥을 깔면 아무리 스타일링을 예쁘고 화사하게 해도 사진이 칙칙하게 나옵니다. 만약 관리하기 쉬운 어두운 계열의 바다 컬러를 원한다면 홍보용 사진 찍을 방만 밝은 색으로 하고 나머지는 원하는 색으로 시공합니다.

가구는 비용을 최소화하기 위해 최대한 보수하는 방향으로 합니다. 단 노후한 침대 매트리스는 꼭 변경하도록 합니다. 무엇보다 고객 감동을 실현하려면 입실자분들의 편안한 잠자리를 먼저 살펴야 합니다. 그리고 매트리스에서 스프링 소리가 나거나 불편함이 있다면 바로 민원으로 이어집니다. 방 인테리어 전에 꼭 직접 모든 매트리스에 누워 보고 일어나보면서 상태 체크를 미리 해줘야 합니다.

또한 뒤에서도 언급하겠지만 방 인테리어는 간단한 소품 몇 가지로도 충분히 가능한데 매트리스 커버만 잘 골라도 분위기가 확 달라집니다. 매트리스 커버 디자인을 신중하게 고르거나 샘플 2~3가지 디자인을 하나씩 구입해 모두 사진을 찍어보고 가장 잘 어울리는 디자인으로 광고하면 좋습니다.

화장실

인테리어에서 화장실 비용이 가장 큰 부분을 차지합니다. 타일 비용이 만만치 않기 때문인데요. 타일은 무너지지 않는 이상 최대한 기존 타일을 보수해서 사용하는 쪽으로 합니다. 타일에 큰 문제가 없다면 곰팡이 제거와 실리콘만 다시 쏴도 깨끗한 화장실이 됩니다. 도기는 청소만 깔끔히 해줘도 충분합니다. 세면대 폽업과 배수구 트랩 및 녹슨 수전, 샤워기, 수건걸이, 화장지 걸이 등 소모품은 새 제품으로 교체해줍니다. 단 좌변기 아래 시멘트 마감 부분이 대부분의 고시원에서 덧방 마감하거나 곰팡이가 많이 껴서 더러우니 이 부분만 손보면 됩니다.

고시원 방이 작다 보니 화장실은 유리로 마감을 하는데요. 화장실 유리문 틈으로 물이 새어 나오지 않게 쫄대로 유리 모서리 부분을 끼워 놓습니다. 노후한 방은 쫄대가 누렇게 변색되는데, 쫄대도 따로 구입해 도배 사장님께 부탁하거나 직접 끼울 수 있습니다. 이 정도만 손보면 욕실은 큰돈 들이지 않고 운영할 수 있습니다.

주방

첫 번째 고시원 인수 때는 주방과 세탁 공간이 한곳에 있었는데 전체 공사를 했습니다. 공사 기간이 길어지면 손님들이 주방, 세탁기 등을 이용하지 못하기 때문에 최대한 빨리 끝내야 했습니다. 인테리어 업체에 맡긴 게 아니어서 도배 사장님께 하나씩 물어보며 업체를 섭외해 일정을 조율했습니다. 첫날 오전 철거를 다 마치고 타일을 붙이고 바닥을 깔았습니다. 바닥은 장판이나 데코타일 중에 선택하면 됩니다. 이어서 싱크대를 설치하고 마지막에 도배를 합니다. 철거와 벽지 바닥은 도배 사장님이 해주셨고 싱크대는 구입처에서 설치해줬고 타일은 제가 을지로에 주문을 넣어놓고 타일 작업자분이 가져와 시공을 해주셨습니다. 페인트도 작업자분께 따로 연락해 작업 요청을 했습니다. 그렇게 이틀 만에 공사가 끝났습니다.

복도

고시원 복도는 타일, 벽지, 페인트 등 고시원 상황에 따라 자재 선택을 하시면 됩니다. 몰딩이 필요하다면 몰딩 후 벽면 인테리어를 합니다. 기존에 타일인 경우는 비용을 최소화해야 해서 새 타일로 교체보다는 타일 스티커나 시트지를 이용하면 됩니다. 페인트칠은 벗겨짐이 생길 수 있어 유지 보수에 신경을 써야 하고 작업 비용도 꽤 나가는 편입니다. 몰딩과 벽면이 끝나면 마지막으로 바닥 시공을 합니다. 세탁실 및 현관은 돈 들이지 않고 깔끔하게 정리정돈만 해도 좋습니다. 입주청소 업체에 대청소를 맡기고 불필요한 짐들은 모두 정리합니다. 화분이나 깔끔한 인테리어 소품 등으로 분위기만 바꿔줘도 충분합니다. 생각보다 간단하죠? 전체 리모델링이 필요한 대공사인 경우 모든 공정을 인테리어 업체에 맡기는 턴키 인테리어가 필요하겠지만 그게 아니라면 직접 공정별로 전문가를 섭외해 비용을 절감하는 것이 좋습니다. 공정 순서를 잘못 이해하거나 잘못 관리해서 추가 비용이 들 수 있다는 걱정도 물론 있었습니다만 제 곁에는 도배 사장님이 계셨고, 곁에서 많은 조언을 주셨기에 충분히 가능했습니다.

지나고 보니 어떤 사업을 하건 결국 사람이 전부라는 생각을 합니다. 신뢰하고 믿을 수 있는 도배 사장님을 만나고 좋은 관계를 이어가는 것. 반셀프 인테리어는 꿈도 못 꿨던 제가 용기를 내고 도전할 수 있었던 것은 옆에서 저를 성심성의껏 도와주시는 분들이 계셨기 때문이기도 하겠죠?

1호점 리모델링 BEFORE

고시원 방 사진
잘 찍는 법

우리는 고시원으로 최대한의 수익을 끌어올려야 합니다. 만실을 채우려면 어떻게 해야 할까요? 우리가 입실자라고 먼저 가정해보겠습니다. 가장 먼저 인터넷 검색창에 내가 살고자 하는 지역의 고시원을 찾기 위해 'ㅇㅇ 고시원' 혹은 'ㅇㅇ역 고시원'으로 검색을 할 것입니다.

고시원은 유튜브와 인스타보다는 네이버로 대부분 유입이 됩니다. 네이버에 ㅇㅇ고시원으로 검색했을 때 파워링크, 플레이스(지도), 고시원 플랫폼, 블로그 등으로 고시원을 검색할 수 있습니다. 많은 고시원들 가운데 어떤 고시원에 먼저 연락을 하게 될까요?

교통이 편리한 곳에 예산에 맞는 고시원을 찾았다면 방 컨디션이 가장 좋은 고시원에 먼저 연락을 하겠죠. 결국 잘 꾸며진 방 사진에 눈길이 먼저 가고 당연히 연락도 먼저 하게 될 것입니다. 방은 쾌적하고 깨끗한지,

방 크기는 어떤지, 창문은 있는지, 그 밖에 공용 공간도 사진을 통해 확인할 것입니다. 사진이 주는 느낌이 있기에 사진 자체가 예쁘고 포근해 보이고 깔끔해 보이면 그 사진에 눈길이 갈 수밖에 없습니다. 그럼 자연스럽게 입실 문의로 이어지겠죠? 그래서 마케팅을 할 때 사진이 매우 중요합니다.

처음 고시원을 시작할 때 어떻게 찍어야 할지 막막해서 사진 전문가에게 의뢰할까 생각도 했지만 처음엔 무조건 스스로 해 보자는 마음으로 구석구석 사진을 찍었습니다. 구도 잡을 줄도 모르고 밝기 조절할 줄도 모르고 아무것도 몰라 고생을 꽤나 했던 기억이 납니다. 수백 장 넘게 사진을 찍고 마음에 드는 사진이 100장도 넘었는데 하나하나 일일이 밝기 조절을 하고 보정도 했습니다. 지금 돌이켜보면 단순한 작업을 몇 시간에 걸려 했었네요. 애초에 핸드폰에서 밝기 설정하고 찍었으면 됐을 텐데요. 컴퓨터, 핸드폰 등 기계와 친하지 않은 곰손인 제가 직접 사진도 찍고 보정까지 하면서 광고에 올릴 사진을 추려냈습니다. 제 사업이었고 돈 버는 일이다 보니 처음엔 막막했지만, 해 보니 재미도 붙고 자신감도 생겼습니다. 제가 오픈한 3개의 고시원뿐만 아니라 주변 지인 고시원에서도 사진을 수도 없이 찍었습니다. 침대, 책상을 넣으면 꽉 차는 작디작은 미니 룸부터 널찍한 프리미엄 룸까지 모든 방 타입 사진을 다 찍으면서 요령이 생기기 시작했습니다. 고시원 사진 찍는 데 대단한 기술이 필요하지 않기에 제가 겪었던 시행착오와 노하우를 바탕으로 몇 가지 사진 찍는 방법을 알려드리겠습니다. 그 전에 주의사항을 먼저 알려드릴게요.

사진은 현실과 괴리가 크지 않아야 합니다. 사진을 보고 기대치가 생겼는데 실제와 차이가 크다면 당연히 계약으로 이어지지 않겠죠. 오히려 아까운 시간만 허비하게 됐다며 부정적인 인식이 더 생길 수 있습니다. 무엇보다 룸투어 일정 잡고 안내하는 내 시간과 노력도 허비하게 됩니다. 사진은 최대한 실제와 가깝게 찍으셔야 합니다. 그렇다면 사진 찍는 방법도 알아보겠습니다.

첫째, 카메라에서 사진 찍기 전에 밝기 설정부터 합니다. 고시원 인테리어를 예쁘게 해도 사진 톤 자체가 칙칙하면 밝은 느낌을 줄 수 없습니다. 카메라에서 밝기 설정을 먼저 하면 따로 밝기 보정을 하지 않아도 됩니다. 촬영 버튼 누르기 전에 카메라 액정을 길게 누르면 밝기 조절을 할 수 있는 표시가 나옵니다. 너무 밝게 하면 사진이 번지듯 날릴 수 있으니 가볍게 톤만 조절하도록 합니다.

둘째, 바닥 면적이 잘 보이게 사진을 찍으면 실제와 비슷하면서도 방이 넓어 보입니다. 고시원은 대체로 방이 협소하기 때문에 입실객들은 방 사이즈를 중요하게 봅니다. 그렇다고 작은 방을 드라마틱하게 넓어 보이게 하는 건 안 되겠죠? 있는 그대로 방을 보여주되 바닥 면적이 잘 보이게 사진을 찍으면 크게 괴리감이 없는 상태에서 넓어 보이는 효과가 있습니다.

고시원은 워낙 좁은 공간이기 때문에 사진 찍는 데 제약이 많습니다. 와이드 기능으로 설정하면 사진이 왜곡될 수 있어 벽에 붙어서 최대한 들숨을 끌어올려 벽 쪽에 핸드폰을 가까이 붙여서 찍어야 합니다 0.8x 정도로 설정해서 찍으면 실제와 차이가 덜하면서 좀 더 넓게 찍을 수 있

두 개의 사진은 동일한 방에
서 각각 다른 사람이 찍은 사
진입니다.

습니다. 가장 좋은 방법은 다양한 각도에서 최대한 많이 찍어보고 걸러내면서 베스트 사진을 가려내는 것입니다.

그리고 아무리 사진을 잘 찍어도 바닥이 어두운 색 계열이면 사진이 전체적으로 칙칙해 보이고 어두워 보이고 좁아 보입니다. 가구, 침구 등으로 예쁘게 치장을 해도 바닥이 어두우면 표시가 많이 나질 않습니다. 그래서 저는 시설이 많이 노후한 곳이라면 바닥만큼은 손볼 것을 추천합니다. 데코타일 가격이 부담스럽다면 장판으로 바꿔도 좋습니다. 바닥은 밝은 색으로 하고 침대 매트리스 커버나 침구를 화사하게 하면 사진은 한결 밝아지고 시선이 갈 수밖에 없습니다. 벽지는 기본 화이트에 바닥도 밝은 색이라면 얼추 깔끔한 사진은 나옵니다.

여기서 사람들의 시선이 더 머무르게 하려면 깔끔하면서도 세련된 호텔 객실과 모델하우스 인테리어를 찾아서 참고하면 좋습니다. 전체적인 느낌과 분위기 위주로 참고만 하고 실제 인테리어는 현실에 맞게 해야 할 텐데요. 가장 좋은 방법은 고시원 플랫폼에 올라와 있는 사진들을 모니터링해보면 좋습니다. 참고하면 좋을 방 사진들을 찾아보고 벤치마킹하면 손쉽게 방을 꾸밀 수 있습니다. 사진을 모니터링하다 보면 너무 과하게 소품을 사용해서 방이 지저분해보이고 더 좁아 보이는 사진도 쉽게 볼 수 있을 텐데요, 고시원은 예쁜 인테리어 분위기를 표현하기보다는 깔끔하고 넓어 보이는 방 연출이 필요합니다. 비용을 최소화하면서 꼭 필요한 소품 3가지만 있으면 입실자들이 원하는 방 사진을 완성할 수 있습니다.

필수 소품 3가지

노란 튤립 액자가 보이시나요? 곁에서 고시원 창업을 도와줬던 멘토가 알려준 아이템입니다. 사람들이 액자로 많이 착각하는데 액자처럼 보이는 교자상입니다. 인터넷쇼핑몰에서 저렴한 가격에 구입할 수 있고 디자인은 수십 가지가 넘습니다. 저는 따뜻하고 화사한 느낌의 옐로우를 좋아해서 노란 튤립 디자인의 교자상을 구해 인테리어에 활용했습니다. 노란색 컬러가 포인트가 됐고 방마다 동일한 액자를 배치해 통일성이 느껴져 전체적으로 고시원 자체가 세련된 분위기를 뿜어냈습니다. 액자는 다양하게 활용됐는데요, 밋밋한 책상 위에 올리기도 좋고 침대 매트리스 위에 올려 벽 쪽에 기대서 허전해 보일 수 있는 벽면을 예쁘게 채우기도 좋습니다. 사이즈가 일반 액자보다 커서 지저분하게 붙여 놓은 폼블럭이

나 시트지 등을 살짝 가리는 용도로도 좋았습니다. 디자인이 다양하기 때문에 고시원 콘셉트에 맞는 컬러로 선택해서 활용하시면 됩니다.

두 번째 소품은 조명입니다. 인터넷 쇼핑몰에서 1만 원 초반대면 인테리어 탁상 조명을 구입할 수 있습니다. 유선은 지저분해 보일 수 있으니 충전용 무선으로 구입하세요. 조명색은 따뜻한 전구색으로 주문해서 방을 포근하게 보여줄 수 있도록 합니다. 기본 화이트도 좋고 앞에서 말씀드린 액자와 컬러를 맞추는 것도 좋습니다. 방 사이즈가 여유가 있다면 스탠드장도 추천합니다. 인테리어의 완성은 조명이라고 하죠? 조명 하나로 따뜻한 분위기가 만들어지고 사진도 고급스러워지니 조명은 꼭 갖추도록 합니다.

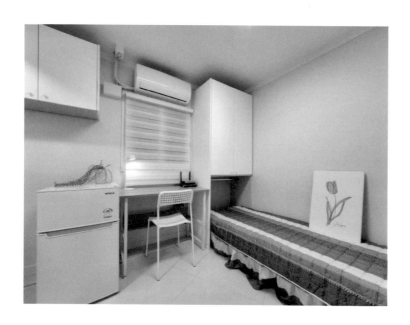

마지막 세 번째는 작은 화분입니다. 탁상용 조명과 잘 어울리는 화분 사이즈로 준비합니다. 조화도 좋지만 생기 있는 식물이 사진에는 더 예쁘게 나옵니다. 조명+화분, 조명+액자, 액자+화분 조합으로 다양하게 연출도 가능합니다. 액자, 조명, 화분 삼총사만 있어도 인테리어는 충분합니다.

고시원 특성상 방 공간이 비좁고 상대적으로 입실자들의 짐은 많습니다. 수납할 수 있는 공간이 필요하고, 쾌적한 환경이 매우 중요하기 때문에 깔끔하고 깨끗해 보이는 사진이 중요합니다. 거추장스러운 인테리어와 자잘한 소품보다는 최대한 넓어 보이고 쾌적한 느낌의 사진을 찍도록 합니다.

인테리어 삼총사에 이어 큰 몫을 하는 아이템은 침대 매트리스 커버입

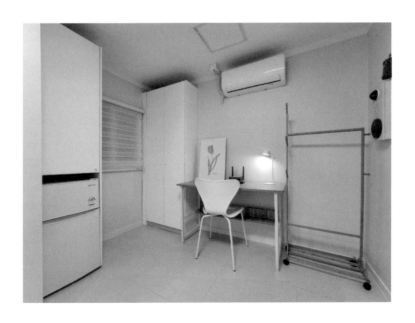

니다. 아무래도 침대가 많은 면적을 차지하고 있다 보니 예쁜 디자인의 커버를 준비하면 방 분위기가 달라집니다. 강렬한 패턴보다는 세련되고 유행 타지 않는 디자인으로 선택합니다. 관리 면에서는 쉽게 때가 타고 자주 빨면 바래져서 밝은색보다는 어두운 색이 좋습니다. 직접 커버를 써 보니 진그레이에 화이트색 배합이 가장 세련되고 관리 면에서도 좋았습니다. 그리고 이왕이면 매트리스만 감싸는 디자인보다 날개형으로 구입하도록 합니다. 날개형이 훨씬 사진이 예쁘고 고급스럽게 나옵니다. 이 정도만 신경 쓰면 충분히 멋진 사진을 찍을 수 있습니다. 방사진 찍기 전에 앞에서 말씀드린 것처럼 고시원 플랫폼에 들어가서 비슷한 방 타입으로 마음에 드는 사진을 따로 저장해서 비슷하게 꾸며도 좋습니다.

여기서 팁 하나를 드리자면, 타 고시원 홍보 사진들 중에는 이케아 가구들이 들어가 있고 수납 가구보다는 인테리어 소품 위주로 꾸며진 방들도 볼 수 있습니다. 이런 방들은 2주나 1달 단기로 머무르는 여성 입실자들에게는 인기가 많지만 고시원을 집처럼 사는 장기 입실자들에게는 불편한 방입니다. 실제로 살아보면 수납공간도 없고 불편한 점이 많아 퇴실로 이어질 수 있기에 손님에 따라 인테리어도 달리해야 합니다.

감이 안 잡힌다 싶으면 모델하우스처럼 샘플로 예쁜 방을 하나씩 만들어봅니다. 손님이 오면 예쁘게 꾸민 방을 먼저 보여주고 "실제로 살아 보시면 수납 많이 되고 실용적인 방이 더 좋긴 해요. 저희 다른 방도 있는데 한번 보여드릴까요?"라고 안내하고 어떤 방이 계약되는지 살펴보고 그에 맞게 대응하면 됩니다.

입실자 퇴실 없이
인테리어해도 됩니다

고시원 강의를 진행하면서 가장 많이 듣는 질문 중 하나가 "인테리어 공사할 때 입실자들을 내보내야 하나요? 그냥 진행해야 하나요?"입니다. 그럼 저는 "그냥 진행하시면 됩니다."라고 대답합니다. 현재 입실자들이 내는 입실료로 월세도 내야 하고 공과금도 내야 하고 운영도 해야 합니다. 굳이 이분들을 내보낼 필요가 없습니다. 대수선이나 리모델링을 대대적으로 하는 경우 등 명도가 필요한 상황을 제외하면 그냥 하면 됩니다.

그럼 공사 소음 민원은 어떻게 해야 하냐구요? 우리는 입실료를 확보해야 하고 우리를 귀찮게 하는 민원도 최소화해야 합니다. 자 그럼 방법을 알려드리겠습니다.

첫째, 잔금 치르는 날부터 바로 고시원 운영에 들어가기 때문에 입실자들에게 새로 인사도 해야 하고 입실료 납부 계좌번호도 전달해야 합니다. 뒤에서 다시 한번 언급하겠지만 우리는 입실자들을 내 편으로 만들어야 합니다. 입실자들에게 문자 하나 달랑 보내고 끝내는 것보다는 충분한 성의를 보이는 것이 중요합니다. 저는 종류별로 다양한 간식과 음료를 넣어 잘 부탁드린다는 편지에 연락처와 계좌, 공사 일정을 넣어 쇼핑백에 담아 문고리에 걸어 뒀습니다.

여기서 팁 하나 드릴게요. 공사 일정 마치는 날짜는 정확하게 기입하지 않습니다. 공사를 하다 보면 지연되는 경우가 많은데 날짜 약속을 해버리면 입실자들의 민원이 끊이지 않습니다. 그래서 "공사 기간은 지연될 수 있습니다. 빠른 시일 내에 끝낼 수 있도록 최선을 다하겠습니다."라는 내용도 적어 놓도록 합니다. 그리고 세탁기를 교체한다거나 건조기를 새로 들여놓는다거나 싱크대를 교체하는 등 환경 개선이 이루어진다면 이 부분을 기재해서 생색을 내는 것도 좋습니다. 제 고시원 클래스를 수강한 원장님들은 모두 이렇게 따뜻한 원장님 신고식을 하는데 이렇게 해두면 입실자들과의 소통이 유연해질 수 있습니다.

그럼에도 불구하고 공사가 시작된 후 시끄러워 못 살겠다고 클레임을 하는 입실자들도 꼭 있습니다. 대부분 터줏대감으로 오래 계셨던 분들이 강하게 항의를 하는데 이럴 땐 어떻게 해야 할까요? 민원을 거는 사람들은 향후에도 사사건건 귀찮게 할 확률이 높습니다. 방법은 간단합니다. "공사는 환경 개선을 위해 꼭 필요한 부분이고 최대한 빨리 끝내도록 노력 중입니다. 정 힘드시다면 죄송하지만 다른 거처를 알아보시는 게 좋을 것 같습니다."라고 쿨하게 보내드리면 됩니다. 고시원은 보증금이 10만 원 내외이고 당장이라도 방을 구할 수 있기 때문에 이사가 큰 어려움이 되진 않습니다.

안 그래도 공실이 많아서 걱정인데 기존에 있는 분까지 나가면 수익이 줄어드는데 어떡하냐고 고민하시는 분들도 계시는데 절대 고민할 필요가 없습니다. 공사 소음 민원을 계속 건다면 과감히 퇴실시키세요. 잘 생각해보면 1차적으로 블랙리스트 입실자를 정리할 수 있는 기회입니다. 고시원을 운영하다 보면 민원도 거는 사람들이 지속적으로 걸고 불만도 많습니다. 막상 퇴실 요구를 해도 퇴실하지 않아 속 썩이는 입실자들이죠. 공사라는 퇴실 권유 명분이 확실하기 때문에 이를 오히려 기회로 잘 활용하시면 됩니다. 블랙리스트 입실자를 퇴실시키면 민원도 줄고 공실이 늘어난 만큼 인테리어하고 방 가격을 더 올려 받을 수 있습니다. 방 가격이 올라가면 순이익이 올라가고 순이익이 올라가면 엑시트할 때 권리금 시세차익까지 볼 수 있습니다. 그리고 무엇보다 내가 원하는 고객을 골라 받을 수 있습니다.

저는 첫 번째 두 번째 고시원 모두 공실이 절반 이상이 넘었습니다. 그만큼 공사 기간도 길었습니다. 따로 입실자를 퇴실시키지 않았고 시끄럽다며 강성으로 민원 거는 입실자는 과감히 퇴실시킨 후 예쁘게 꾸며서 방 가격도 5만 원 이상 올려 받았습니다. 이전 방값이 워낙 저렴하게 책정되어 있기도 했고 이후에는 매너가 좋고 제가 케어하기 쉬운 입실자들을 골라 받아서 운영 중에도 더할 나위 없이 좋았습니다. 그러니 인테리어 공사가 필요하다면 그대로 진행하시고 항의가 심한 입실자가 있다면 아무 걱정 말고 퇴실시키세요. 만약 다른 곳 알아보시라고 안내했는데도 퇴실 안 하고 버티는 분들이 계신다면 시일이 조금 지나고 방 가격 인상 공지를 하면 알아서 퇴실을 합니다. 갑자기 퇴실하라고 하면 당황스럽고 불만을 가질 수도 있으니 한 달 정도 여유를 주고 공지하세요. 일차적으로 방 가격 인상 목적도 있지만 블랙리스트 퇴실이 주된 목적이기 때문에 입실자에게는 높은 가격으로 방 가격을 안내해야 합니다. 어설프게 방 가격 인상했다가 수긍하고 계속 계신다면 애매한 상황이 발생할 수도 있습니다. 그러니 애초에 높은 가격을 안내하도록 합니다.

안녕하세요?

전 원장님이 입실료를 평균가보다 낮게 책정해서 불가피하게 7월부터 입실료 인상을 하게 됐습니다. 더불어 임대료와 공과금 인상으로 입실료 인상이 불가피한 점 양해 부탁드립니다. 101호는 기존 금액에서 40만 원으로 인상됩니다. 6월은 기존 금액으로 납입하시고 7월부터 적용됩니다. 혹시 퇴실 의사 있으시면 6월 15일까지 회신주세요. 저희 ○○하우스도 편안하게 지내실 수 있도록 최선을 다하겠습니다. 많은 양해 부탁드립니다. 감사합니다.

안녕하세요.

인사드립니다. 오늘부터 ○○하우스를 운영하게 된 ○○○원장입니다.

앞으로 쾌적한 환경에서 편히 지내실 수 있도록 시설 보수 공사가 진행됩니다.

도배 및 노후한 공용 화장실, 주방, 세탁실 등 공사가 진행될 예정입니다.

공사 진행 시 소음이 발생하더라도 너그러이 이해해주시면 감사하겠습니다.

(공사 기간 명시 / 공사는 예정된 기간보다 길어질 수 있습니다.)

오늘부터 입실료는 아래 계좌로 부탁드립니다.

　○○은행 아무개 ○○○　○○○　○○○○○○

☎ 010-1234-5678(원장)

통화 가능 시간은 오전 9시~오후 7시까지입니다.

이후에는 문자 주세요.

비상연락망 010-0000-1111

앞으로 잘 부탁드리겠습니다. 감사합니다.

고시원 마케팅은
이렇게 합니다

저는 고시원에 이어 파티룸과 무인 카페도 운영하고 있습니다. 무인 카페는 동네 상권이라 마케팅에 큰 힘을 쏟을 필요는 없지만 파티룸은 이야기가 달라집니다. 특히 홍대입구역 인근 파티룸이라 경쟁이 더욱 치열합니다. 네이버에서 검색 시 상위노출을 위해 플레이스 작업도 수시로 챙겨야 하고 유료플랫폼 광고도 해야 합니다. 파티룸은 이용 후기도 중요해서 블로그 마케팅까지 꼼꼼하게 챙겨야 합니다. 파티룸은 키워드 경쟁이 치열해서 마케팅에 늘 촉각을 곤두세워야 합니다. 고시원처럼 무인 운영이 가능하지만 온전히 자유롭지는 못합니다. 그렇다면 고시원 마케팅은 어떨까요?

고시원은 파티룸에 비해 마케팅 부담이 적고 수월해서 훨씬 부담감이 덜합니다. 고시원 신설 공급이 쉽지 않다 보니 운영에 여러 이점이 있는데 마케팅도 그중 하나입니다. 고시원 운영을 하고 있는 수강생들은 은퇴하신 부모님 노후를 위해 하나 더 계약하는 경우도 많습니다. 마케팅 부담감이 적다 보니 부모님이 전적으로 맡아 운영하는 경우도 많기 때문이죠. 오랜 시간 동안 마케팅 없이 간판 장사로 운영하고 계신 분들도 계십니다. 이런 매물을 잡아 인테리어를 마친 뒤 방 가격을 올려 온라인 마케팅 후 빠르게 만실 운영하는 것이 가장 좋은 사례이기도 합니다.

우리의 목적은 고시원 디벨롭 후 방 가격을 올리고 빠르게 방을 채워 순이익을 높이고 엑시트도 성공적으로 하는 것입니다. 이미 인테리어가 잘된 매물을 매수했다면 빠르게 공실을 채우거나 만실 운영을 해야 합니다. 그래서 마케팅은 꼭 해야 합니다.

자, 그럼 고시원 마케팅은 어떤 방식으로 진행되는지 살펴보겠습니다. 나의 사업장을 알리는 데는 무료와 유료 두 가지로 나뉩니다. 먼저 무료 서비스를 알아보겠습니다.

사업자등록증이 나오고 고시원 사진을 찍은 뒤 가장 먼저 네이버 스마트 플레이스에 업체 등록을 해야 하는데요. 네이버 지도와 검객 결과에 자신의 업체 정보를 등록할 수 있는 서비스입니다. 네이버는 한국에서 가장 많이 사용되는 검색 포털인데 고시원이라는 검색어는 네이버 비중이 굉장히 높습니다. 고시원 검색하는 사람들이 나의 업체 정보를 쉽게 찾을 수 있도록 사업장의 이름, 주소, 전화번호, 영업시간, 사진 등을 기입하도록 합니다. 네이버 지도 등록을 마치고 나면 플레이스(지도) 광고 업체들의 전화가 쏟아집니다. 내 사업장이 네이버 플레이스 첫 페이지에 노출되어야 문의 전화도 많이 올 텐데요. 무작정 유료업체에 맡기지 마시고 차근히 하나씩 해 보면서 추후에 결정하시는 게 좋습니다.

대표 무료 플랫폼으로 블로그를 빼놓을 수 없는데요. 네이버 메일 계정을 가지고 있으면 누구나 블로그를 개설할 수 있습니다. 양질의 콘텐츠와 꾸준함이 있다면 블로그 상위노출은 누구나 도전해 볼 만합니다. 고시원 키워드는 경쟁이 치열하지 않기 때문에 정성을 다해 포스팅을 작성하면 상위 노출될 확률도 높습니다. 직접 작성이 어려운 경우는 업체나 개인 (인플루언서)에게 의뢰해 후기를 작성할 수도 있습니다. 플레이스와 블로그는 무료와 유료 마케팅이 모두 가능한 플랫폼입니다. 저희 수강생과 지인까지 100명이 훨씬 넘는 원장님들 사례를 보면 플레이스와 블로그는 스스로의 힘으로 충분히 해냈습니다. 해 보지 않았던 거라 처음에는 어렵게 느껴질 수 있지만 주변 사람들이나 유튜브 등으로 조금만 도움을 받으면 작성하실 수 있습니다.

다만 네이버 검색 후 첫 페이지에 상단 노출되는 글은 초보자는 어려울 수 있는데요, 상단 노출을 목적으로 글을 쓰다 보면 스트레스를 받을 수도 있습니다. 고시원은 유료 플랫폼으로 유입이 잘되기 때문에 블로그로 에너지를 소진하는 것보다는 플랫폼에 집중하시는 것도 좋습니다. 단, 손님 편의를 위해 방 타입별로 구체적으로 작성해서 블로그 링크를 전달해주면 좋습니다. 저는 외창원룸, 내창원룸, 외창미니, 내창미니 등 방 타입별로 방 사진과 특징 등을 블로그로 전달해 직접 룸투어 오기 힘든 손님들에게 전달해 드립니다. 아무래도 사진 몇 장보다는 고시원 특징 및 장점 등을 더 어필하기도 좋고 고객 입장에서도 불안한 마음을 다소 해소할 수 있습니다. 룸투어 손님들은 우리 고시원뿐만 아니라 인근에 있는 고시원을 모두 투어합니다. 돌아다니다 보면 어디가 어디였는지 헷갈리기도 하고 기억이 안 나기도 합니다. 룸투어 마치고 블로그 링크까지 전송해드리면 손님들이 더 기억하기도 좋고 원장의 세심함에 다른 고시원보다 더 큰 호감을 가질 수도 있습니다.

고시원 대표 플랫폼으로는 고방, 독립생활 등이 있고 단기 임대 플랫폼 삼삼엠투, 모텔을 달방으로 사용하는 분들을 위한 달방닷컴 등이 있습니다. 고시원은 최소 거주 기간이 한 달 이상으로 움직이는데요, 병원 실습생 입실자가 많은 고시원은 2주 단위로 손님을 받기도 합니다. 이런 경우 단기 임대 플랫폼으로 삼삼엠투에 고시원 홍보를 하기도 합니다. 대학가 근처나 관광지에는 외국인 손님 문의도 많이 있는데요, 고시페이지 사이트에 고시원을 홍보하면 외국인 문의가 많이 유입됩니다. 이처럼 고시원 입지와 입실자를 파악해 그에 맞는 플랫폼을 선택하시면 됩니다.

제가 운영하고 있는 고시원은 입실자 연령층이 젊어서 고방 프리미엄을 해마다 이용하고 있습니다. 프리미엄은 다른 고시원보다 상단에 위치하고 사진 크기가 훨씬 커서 눈에 잘 띕니다. 저는 매번 마케팅에 신경 쓰고 싶지 않아 1년씩 프리미엄으로 계약합니다. 방이 잘 빠지는 시기에는 파워링크를 단기적으로 돌리기도 합니다. 파워링크는 네이버 검색 결과 최상단에 노출되는 유료광고 서비스인데 광고주가 원하는 키워드에 입찰하여 광고하는 방식으로 인기 키워드일수록 경쟁이 치열하고, 검색

즉 클릭이 일어난 횟수만큼 비용을 지불하는 방식입니다. 비용은 높아질 수 있지만 효율적인 예산 관리가 가능합니다. 클릭당 비용이 나가는 방식이라 사업주가 원하는 때에 광고를 올리고 또 원하는 때에 언제든지 내릴 수 있습니다. 개인이 직접 하기에는 복잡하고 어려운 부분이 있어 대행 업체를 이용하기도 하는데요, 따로 비용을 지불하지는 않습니다.

여기서 꼭 드리고 싶은 말씀이 있습니다. 제가 처음 고시원을 할 때도 혼자 힘으로 할 수 있었고 제 주변 지인분들과 수강생분들도 스스로 할 수 있었습니다. 언젠가 마케팅 비용으로 최소 300만 원에서 천만 원 이상 제안한 업체들을 본 적이 있었는데 꽤나 당황스러웠습니다. 불안한 마음을 이용해 말도 안 되는 금액을 제시하는 걸 보고 이건 아니다 싶었습니다. 고시원은 폐쇄적이고 특수한 시장이라 정보도 부족하고 불안한 마음도 클 수밖에 없습니다. 이를 이용한 상술에 넘어가지 않고 무조건 업체에 맡기지 않고 일단 직접 해 보면서 감을 먼저 잡아보시길 바랍니다.

고시원 플랫폼 정리

플랫폼	유형	특징 및 장점
네이버 플레이스	무료& 유료	**무료 업체 등록**: 네이버 지도와 검색 결과에 사업장 정보를 노출하여 고객 유입 가능. **다양한 기능 연동**: 네이버 예약, 톡톡, 스마트콜 등과 연동하여 고객과의 소통 및 서비스 제공 강화. **유료 광고 옵션**: 플레이스 광고를 통해 상위 노출 가능. **모바일 앱 지원**: 스마트플레이스 앱을 통해 손쉬운 관리 가능.
네이버 블로그	무료& 유료	**콘텐츠 마케팅**: 고시원 관련 정보를 직접 작성하여 신뢰도 구축 및 고객 유입. **상위 노출 가능성**: 정성 들인 포스팅으로 검색 결과 상위 노출 가능. **유료 의뢰 가능**: 인플루언서나 업체에 의뢰하여 후기 작성 및 홍보 가능.
고방 (프리미엄)	유료	**고시원 전문 플랫폼**: 고시원 검색에 특화된 사용자층 보유. **프리미엄 광고**: 상단 노출 및 큰 사진 제공으로 주목도 향상. **블로그 홍보 지원**: 고방 블로그를 통한 추가 홍보 가능.
독립생활	유료	**비대면 계약 및 결제**: 앱을 통해 고시원 검색부터 결제, 입실까지 원스톱 서비스 제공. **젊은 층 타겟**: 쿠폰 및 혜택 제공으로 젊은 층 사용자 다수. **무료 노출 및 3D 촬영**: 기본 노출과 3D 촬영 홍보는 무료 제공.
삼삼엠투	유료	**단기 임대 특화**: 2주 단위 등 단기 입실자 유치를 위한 플랫폼. **다양한 매물 정보 제공**: 고시원 외에도 다양한 단기 임대 매물 정보 제공.
고시 페이지	유료	**외국인 대상 플랫폼**: 외국인 손님 유치를 위한 전문 플랫폼. **다국어 지원**: 다양한 언어로 고시원 정보 제공하여 외국인 접근성 향상.
네이버 파워링크	유료	**검색 결과 상단 노출**: 원하는 키워드에 입찰하여 검색 결과 최상단에 광고 노출. **클릭당 비용 지불**: 클릭 수에 따라 비용 지불로 예산 관리 용이. **자유로운 광고 관리**: 광고주가 원하는 시기에 광고 시작 및 종료 가능.

PART 5

해나경 만실 노하우로
세상에서 가장
따뜻한 고시원 만들기

입실자 내 편 만들기

고시원 창업을 성공적으로 하려면 계약과 운영이라는 큰 산 두 개를 넘어야 합니다. 계약은 부지런히 임장 다니고 좋은 매물을 만나면 최대한 발 빠르게 움직여 타이밍을 잘 잡으면 됩니다. 매물은 내 기준에 부합하느냐에 따라 'GO!' 'STOP!'으로 결정하는 거라 크게 스트레스 받을 일은 없습니다. 하지만 운영은 말처럼 쉽지 않습니다.

운영은 입실자들과 소통도 필요하고 시설적인 문제가 발생할 때마다 대처도 해야 합니다. 이러한 과정이 누구에게는 엄청난 스트레스가 될 수 있고 누군가에게는 대수롭지 않은 일이 될 수도 있습니다. 고시원 운영하는 주변 지인들을 지켜보면 입실자들 민원 스트레스를 못 이겨 그만두는 사람도 있었고, 큰 스트레스 없이 운영을 잘해 2개 이상 운영하는 분들도 봤습니다. 각자의 성향이 1차적인 이유겠지만 마음먹기에 따라 얼마든지 상황을 바꿀 수 있습니다. 그리고 충분히 고시원을 잘 운영할 수 있는 방법도 있습니다.

제 경우에는 고시원 강의도 해야 하고 유튜브 채널에 고시원 콘텐츠를 지속적으로 업로드해야 해서 사건 사고가 터질수록 스트레스 받을 일도 많았지만 결국 그 사건 사고를 대처하면서 얻어지는 경험이 쌓여 노하우가 되고 강의 내용도 풍성해지고 유튜브 콘텐츠도 많아졌습니다. 화장실 배관이 막혀 한 층 전체 화장실 물이 역류되고 아래층 누수로 이어진 사건, 쓰레기방, 돈 빌려달라는 입실자, 악성 리뷰를 다는 입실자, 술주정하는 입실자 등등 소위 멘붕 사건들이 많았지만 마음을 고쳐먹으니 '겪으면 겪을수록 유튜브 콘텐츠가 풍성해지는구나. 그래 좋다 좋아.'라는 마음가짐으로 고시원을 운영하게 됐습니다. 오히려 전화위복이 됐고 모든 일이 마음먹기에 따라 달라질 수 있다는 것을 실감했습니다.

시설 문제는 돈으로 해결할 수 있는 부분이어서 마음 관리만 잘하면 스트레스를 최소화해서 운영할 수 있습니다. 하지만 사람 사이의 관계는 말처럼 쉽지 않죠. 고시원을 운영하다가 사람 스트레스로 사업을 포기하시는 분들도 더러 있습니다. 처음엔 저도 막막하고 다 그만두고 싶은 순간도 있었습니다. 그러나 긍정적인 마음가짐과 경험이 쌓이면 어느 정도 풀 수 있는 문제들이기 때문에 고시원은 아무나 하는 게 아니라는 선입견을 미리 가질 필요는 없습니다. 제가 직접 경험했고 제 고시원 강의 수강생분들도 모두 잘 해내고 있으니 간단하지만 효과 좋은 방법을 알려드리겠습니다.

고시원 운영하면서 스트레스를 덜 받고 편히 운영하려면 입실자들을 먼저 내 편으로 만들어야 합니다. 이것만 잘해도 절반 이상은 성공합니다. 고시원 인수 첫날부터 장기 입실자들이 텃세를 부리기 시작합니다. 나이 어린 초보 원장처럼 보이면 손바닥 위에 올려 두고 쥐락펴락하는 경우가 많습니다. 이들과의 갈등을 잘 풀어내는 것도 중요하지만, 애초부터 이들과 좋은 관계로 시작하는 것이 더 현명한 방법입니다.

호혜성의 법칙을 기억하자!

호혜성의 법칙은 사람은 자신이 받은 호의를 돌려주고자 하는 경향이 있다는 것입니다. 잔금 날은 공과금 정산도 받고 잔금도 치르고 인수 인계도 받아야 하고 사업자등록증 발급도 받아야 하고 말 그대로 정신이 없습니다. 그래서 미리미리 입실자 전원에게 돌릴 간식 봉투를 준비해야 합니다. 잔금 날이 영업 시작일이기 때문에 입실료 계좌도 바로 입실자들에게 전달해야 합니다. 이때 저는 문자와 편지 두 가지 방법으로 전달합니다. 그리고 먹기 편하게 소분 포장되어 있는 다양한 과자와 함께 먹을 음료도 준비합니다. 간식 봉투는 푸짐하게 준비하는 게 좋습니다. 받았을 때 '이게 뭐야?' 하는 느낌은 생색도 안 나고 오히려 마이너스가 될 수 있습니다. '어머 이런 걸 다~?'라는 느낌을 갖게 해야 합니다. 저는 지퍼백에 과자를 담을 때도 대충 쏟아 담지 않고 과자 봉지 앞면과 뒷면을 구분해서 테트리스 벽돌 쌓듯이 공들여 담았습니다. 그리고 앞으로 잘 부탁드린다는 간단한 편지도 넣었습니다. 지퍼백에 담은 과자와 음료를 다시 쇼핑백에 담아 문고리에 걸어 두었습니다. 행여 개인적인 일로 방을 오래 비우는 입실자가 있을까 봐 간식 봉투 사진을 찍어 전체 문자로도 전달했습니다. 제가 준비한 간식을 맛있게 먹은 입실자들은 제 편이 될 가능성이 높습니다. 드물지만 개중에는 감사히 잘 먹었다는 답장을 건네는 분들도 계십니다. 그리고 이분들과 좋은 관계를 만들어가는 게 중요합니다. 이분들은 협조적이라 급한 문제가 생겼을 때 부탁하기에도 좋습니다.

운영 초기에 입실자 파악도 안 되고 뭐가 뭔지 하나도 몰랐을 때 이렇게 호의적인 분들의 도움을 많이 받았습니다. 많은 사례들이 있지만, 장마 기간에 창문이 열려 비가 내부로 다 들어와서 물바다가 된 적이 있었는데 제가 멀리 있어서 바로 고시원을 갈 수 없는 상황이었습니다. 간식 봉투 답장해주신 분에게 창문 좀 닫아줄 수 있냐고 부탁했는데 그분이 바닥에 고인 물까지 다 치워 주셨습니다. 저는 여기서 끝나지 않고 감사의 표시로 치킨 쿠폰을 바로 보내드렸습니다. 그 입실자분 입장에서는 살고 있는 집 창문이 열려 있어 닫아주고 치워 준 건데 치킨 선물을 받아 기분이 좋으셨나 봅니다. 그 입실자는 이렇게 답장을 보내주셨습니다 "별것도 아닌데 치킨까지 보내주시다니 잘 먹겠습니다. 앞으로 문 열려 있으면 제가 잘 닫아놓을 테니 신경 쓰지 마세요." 바로 이런 겁니다.

저는 이렇게 입실자분들과 좋은 관계를 형성합니다. 언제든 부탁해도 미안하지 않을 정도의 선물도 꼭 빠뜨리지 않았습니다. 전 이런 게 진짜 중요한 투자라고 생각합니다. 내 편을 만들려면 그만큼의 정성을 쏟아야 합니다. 입실자분들에게 들이는 돈은 절대 아깝지 않게 생각해야 합니다. 그럼 결국 내 편이 돼서 운영하는 데 많은 도움을 받을 수 있고 스트레스도 덜 받을 수 있습니다.

컴플레인 받지 않는
입실자 관리 비법

고시원을 운영해보니 입실자들의 컴플레인은 거의 정해져 있습니다. 시설 이용의 불편함과 주변 입실자들로 인해 불편함을 겪었을 때죠. 대략 이런 것들입니다.

"변기가 막혔어요."

"세면대가 막혔어요."

"추워요. 더워요."

"환풍기 소리가 시끄러워요."

"옆방 전화 소리가 너무 커요."

"누가 밤늦게까지 세탁기 사용해요, 시끄러워요."

"문을 쾅쾅 닫아요."

"담배 냄새나요."

"바퀴벌레 나왔어요."

"화장실에서 초파리 나와요."

"하수구 냄새나요."

"입실료 밀릴 거 같아요."

"빨래를 안 찾아가요."

"냉장고에 둔 제 음식이 사라졌어요."

세면대가 막히거나 환풍기 소리가 시끄럽거나 초파리나 벌레가 나오는 클레임은 사전에 막을 수 있습니다. 퇴실 방이 생기면 저는 어떤 클레임도 나오지 않도록 세팅을 해놓습니다. 얼룩진 벽은 바로 부분 도배를 하고 방역을 철저히 해서 처음부터 벌레가 나오지 않도록 관리합니다. 물이 잘 내려가는지 하수구에서 냄새가 나지는 않는지 미리 체크해서 방을 완벽하게 만들어놓고 손님을 받습니다. 물론 운영비 지출이 늘어날 수 있고 수고로울 수 있습니다. 하지만 이렇게 해놓으면 룸투어 오신 분들의 만족도가 높아 계약을 성사시키기도 좋습니다. 공실로 두는 것보다 돈을 조금 들이더라도 시설 투자해서 빨리 공실을 없애는 게 훨씬 이득입니다. 결정적으로 입실자의 클레임을 현저히 줄일 수 있습니다.

그럼 함께 거주하는 입실자들의 문제로 발생하는 클레임을 어떻게 막을 수 있을까요? 공동생활이다 보니 고시원 안에서 생활 규칙은 꼭 지켜져야 합니다. 규칙을 지키지 않았을 때 문제가 발생합니다. 가장 빈번한 클레임은 "옆방에서 문을 쾅쾅 닫아요.", "밤늦게까지 큰소리로 통화해요.", "밤늦게까지 세탁기를 사용하니 소음 때문에 힘들어요.", "담배 냄새 나요." 등등입니다. 기본적인 에티켓도 지키지 않는 입실자들이 있기 때문에 이 부분은 사전에 미리 공지하고 당부를 해야 합니다.

저는 계약서에 꼭 지켜야 할 중요 사항을 기재하고 계약서에 서명할 때 내용을 숙지하라고 합니다. 운영 초반 대면 계약을 할 때는 형광펜으로 그어가며 꼭 확인시켰지만 현재는 무인 운영이라 대면할 기회가 거의 없기 때문에 입실자는 서명만 하고 제대로 읽어 보지 않는 경우도 많습니다. 그래서 저는 1차 계약서에 이어 2차 문자로 아주 상세하게 공동규칙 안내사항을 적어 보냅니다. 공동 생활에 협조해야 할 사항들을 카테고리별로 깔끔하게 정리해서 입실자들에게 "꼼꼼하게 천천히 읽어 주시고 확인했다고 회신 부탁드립니다."라고 문자를 보냅니다.

이렇게 내용을 정리해서 문자로 보내면 좋은 점이 많습니다. 첫째로 "와이파이 비번은 뭐예요?", "큰 택배상자는 어디에다 버려요?", "세탁기는 어떻게 사용해요?" 등 입실 시 자주 물어보는 질문에 일일이 응대할 필요 없이 "보내 드린 문자에 다 적혀 있으니 확인하시면 됩니다."라고 간단히 해결할 수 있습니다.

이제 생활하면서 자주 발생하는 민원을 살펴보겠습니다. 주로 소음에 관한 것들이 많습니다. 복도 걸을 때마다 쿵쾅거리는 발소리, 문 쾅 닫는 소리, 방 안에서 크게 통화하는 소리, 주방에서 달그락달그락 요리하는 소리, 밤늦게까지 세탁기 돌리는 소리 등. 이런 민원은 누군가에게 불편을 주기 때문에 경고를 해야 하는데요, "다음부터 조심해주세요. 민원이 많습니다."로 끝날 수도 있고, "제가 입실하실 때 보내 드린 문자 확인하셨죠? 같은 민원이 또 발생하면 1차 주의(경고)에 이어 2차는 퇴실 안 내드릴 수밖에 없습니다. 협조 부탁드립니다."라고 입실자에게 전달해야 할 때도 있습니다. 이미 본인이 확인했다는 문자까지 회신을 한 상태고 문자로 증거가 남아있기 때문에 수긍할 수밖에 없습니다. 이런 장치를 마련해두면 입실자에게 경고하거나 퇴실시킬 수 있다는 명분이 확실하기 때문에 입실자 관리가 수월해집니다. 불필요한 감정싸움으로 에너지를 낭비할 필요도 없습니다. 대부분의 입실자들이 본인의 잘못을 인정하고 수긍하지만 더러 강성 입실자가 있기 때문에 꼭 이런 장치를 마련해 두셔야 합니다.

저는 고시원 운영에 나름의 원칙을 갖고 있습니다. "입실자들이 불편을 겪게 하지 말자. 문제가 생기면 즉각적으로 움직이자." 시설이 아닌 다른 입실자 때문에 불편을 겪었다면 결국 제가 입실자 관리를 잘못했기 때문에 발생한 일입니다. 불편을 겪은 입실자에게 제가 먼저 불편을 드려 죄송하다고 마음을 전합니다. 잘못은 다른 사람이 했지만 제가 죄송하다고 말씀을 드리면 클레임 걸었던 입실자는 오히려 감정을 삭이고 이해해주려고 합니다. 그리고 피해를 끼친 입실자에게는 강경하게 대처합니다. 다른 사람들에게 피해를 끼치는 상황은 절대 용납하지 않습니다. 한 번은 실수지만 두 번째부터는 봐 드리지 않습니다. 당장 방값이 아까워서 그냥 두고 보고 있으면 다른 입실자들도 운영하는 원장님도 스트레스를 받을 수밖에 없습니다. 되레 기존 입실자들이 다른 고시원으로 이탈하는 상황이 발생할 수도 있습니다. 약약강강으로 입실자분들에게 휘둘리지 않아야 운영이 편해집니다.

정리해보겠습니다. 운영을 편하게 하시려면 투자 비용을 아끼지 말아야 합니다. 누수가 생기고 곰팡이가 생기고 가구가 뒤틀려 잘 닫히지도 않고 날 추운데 방은 얼음장이고… 물론 알고 있습니다. 당장 보수 비용도 만만치 않다는 걸요. 하지만 최선을 다해 최고의 방을 만들고 공실을 최대한 줄이고 좋은 리뷰를 받는 것이 훨씬 더 이익입니다.

만약 지출 비용이 걱정되신다면 애초에 투자금에서 보수 비용 예산을 따로 빼놔도 좋습니다. 워낙 고시원은 권리금이 억억 하는 상황이라 (천만 원도 정말 큰돈이지만) 계약할 때 천만 원 차이는 크게 계약을 좌지우지할 정도가 아닙니다. 애초에 천만 원 정도는 고시원 운영하면서 발생할 하자 보수 비용 및 관리 비용으로 따로 빼두시면 좋습니다. 생각지도 못한 변동 지출 비용이 발생하면 순이익도 줄고 마음도 조급해지고 방 투자 지출을 더 줄이고 싶어지니까요. 그럼 악순환이 될 수밖에 없습니다. 간단합니다. 소탐대실하지 않고 입실자들 편의에서 운영하면 클레임을 줄일 수 있습니다, 그럼 우린 스트레스 관리도 충분히 하면서 즐거운 마음으로 고시원을 운영할 수 있습니다.

블랙리스트 입실자
대처 사례

저는 제 강의를 통해 고시원 계약하고 운영하는 원장님들을 위한 커뮤니티 방을 운영하고 있습니다. 2024년까지 원장님들 인원수가 80명이 넘습니다. 주변에 가족, 친구, 동료 등 지인까지 합하면 100명이 넘어가겠네요. 제가 유튜브에서 해나경 패밀리(원장님들) 이야기를 많이 하다 보니 유튜브 구독자분들, 블로그 이웃분들이 어떻게 하면 해나경 패밀리에 소속될 수 있냐고 많은 문의를 주셨습니다. 해나경 패밀리는 해나경 고시원 클래스를 수강하신 분들을 위한 모임이어서 참여는 어려울 것 같다고 말씀드렸는데 계속 죄송한 마음이 들더라고요.

비록 제 강의는 수강하지 못하셨지만 홀로 고군분투하며 외롭게 운영하실 모습을 떠올리니 가만히 있을 수 없어서 유튜브를 통해 해나경 패밀리가 되고 싶은 원장님들의 신청을 받았습니다. 그렇게 총 140명이 넘는 원장님들의 커뮤니티가 생겼습니다. (앞으로 더 많은 고시원 원장님들이 모여 원원할 수 있도록 준비 중입니다.) 이렇게 많은 원장님들이 모였으니 얼마나 많은 사건 사고들이 있었겠습니까? 단톡방에는 수시로 입실자 사건 사고가 올라오고 함께 고민하면서 서로의 경험을 나누고 있습니다.

그럼 원장님 방에서 공유됐던 대표적인 사례를 모아 블랙리스트 입실자들을 어떻게 대처해야 하는지 안내드리겠습니다.

입실료 안 내고 연락 두절되는 입실자

우리 속을 가장 많이 썩게 하는 입실자입니다. 입실료 밀리는 것도 골치 아픈데 연락까지 안 된다면 더 답답할 노릇입니다. 한 번쯤은 겪게 되는 일인데요. 이럴 땐 어떻게 대처하면 좋을까요? 고시원 운영에 있어 CCTV와 도어락은 필수입니다. 도어락이 없다면 자물쇠를 다는 방법도 있긴 하지만, 평소 오토 운영으로 편하게 관리하시려면 도어락 설치를 추천드립니다.

자 그럼 본론으로 돌아가 볼까요? 입실자가 월세를 내지 않고 연락도 받지 않는다면 일단 소통을 기록으로 남겨놓습니다. 저는 흔적이 남는 문자로 주로 소통을 합니다. 그래도 계속 연락이 없으면 문 앞에 편지를 붙여놓습니다. 혹 입실자가 핸드폰이 분실됐거나 통신료 납입을 못 해서 전화가 끊겼을 수도 있기 때문입니다. 그래도 연락이 안 오면 마스터키로 도어락 비밀번호를 변경하고 "입실료 미납 상태에서 연락이 닿지 않아 비밀번호 변경했으니 전화 주세요."라고 다시 문자를 보냅니다.

이때 입실자는 "왜 마음대로 비밀번호를 바꾸냐, 이건 주거 침입이다."라고 말할 수 있지만, 입실료를 내지 않고 연락도 안 되는 입실자가 오히려 고시원을 불법 점유한 것이고 운영자는 절도 등의 목적성이 없는 상태이기 때문에 전혀 문제 될 일이 없습니다. 그리고 도어락을 연 상태에서 비밀번호만 바꾸고 다시 문을 닫은 상황이라 엄연히 주거 공간은 침범하지 않는 상황입니다. 더불어 도어락도 입실자가 개인 돈으로 구매해서 설치한 것이 아니라 운영자가 직접 설치한 운영자 재산이기 때문에 문제 될 일이 없습니다.

주거 침입은 '목적성'이 분명해야 합니다. 애초에 내 재산이고 절도의 목적이 없기 때문입니다. 그리고 이런 문제로 입실자가 고소까지 가는 건 현실적으로 불가능합니다. 그러니 비밀번호 바꾼다고 너무 마음 졸이지 않으셔도 됩니다. 엄연히 입실자가 영업 방해를 하고 있는 상황이고 내 사유재산에 불법 점유를 하고 있는 상황입니다. 대부분의 원장님들이 함부로 입실자 문을 열면 안 된다는 생각에 발만 동동 구르고 이도 저도 못 하는 상황에서 스트레스 받는 경우가 많습니다. 이제 적극적으로 대처하셔도 됩니다.

만약 비밀번호를 바꿔서 원장에게 해코지를 하거나 소란을 피우면 경찰을 부르면 됩니다. 명분이 확실하기 때문에 신고하시면 됩니다. 경찰에서 당장 해결하지 못하고 그 당시 상황만 모면했다면 영업 방해, 불법점유, 공갈 협박, 명예훼손 등으로 고소하겠다고 내용증명을 보내거나 겁(?)을 주는 방법도 있습니다. 여러 사례를 비추어 봤을 때 현실적으로 소송까지 가는 경우는 거의 없습니다. 소리 소문 없이 사라지는 경우가 대부분이고 끝까지 버티고 안 나가는 사람들이 있는데 이는 위에서 말씀드린 것처럼 방 비밀번호를 변경해서 대처하시면 됩니다.

그리고 정말 중요한 건 애초에 입실자들이 방값을 밀리게 않게 운영자가 먼저 신경 써야 한다는 것입니다. 하루라도 입실료를 밀리지 않게 관리해야 합니다. 하루 정도는 깜빡하고 실수로 넘길 수 있지만 3일이 넘어가면 더 이상 기다리면 안 됩니다. 3일이 일주일이 되고, 일주일이 보름이 되고 한 달이 됩니다. 이때 입실자는 입실료가 선불이라 벌써 2달 치월세가 밀린 셈이고 또 시간이 흐르면 세 달이 되어 꽤 큰 목돈이 되기 때문에 갚을 생각마저 사라져버리고 버티게 됩니다. 그러니 3일 이상 늦어지면 바로 퇴실 안내를 해야 합니다. 고시원 입실료는 평균 10만 원 정도여서 보증금으로 버틸 수 있는 날짜가 3일에서 5일 정도입니다. 이 안에 해결을 바로 하셔야 합니다.

입실료 납입 전날 문자는 독촉 느낌이 있어서 저는 입실 당일 자정까지 기다리고 다음 날까지 입실료가 입금되지 않으면 바로 입금 안내 문자를 보냅니다. 보통은 안내 차원에서 입실일 당일에 입금 안내 문자를 보내기도 하는데 이는 각자 상황에 맞춰 진행하면 됩니다.

쓰레기방 입실자

고시원 원장이라면 한 번쯤은 겪게 되는 쓰레기방. 쓰레기방을 마주하는 순간 입이 다물어지지 않았습니다. 동공은 흔들렸고 몸은 그대로 멈춰버렸습니다. 한참 동안 일시 정지 상태가 돼서 아무 말이 안 나오죠. 정말 이 방이 사람 사는 방이 맞나 스스로에게 물어보고 현장을 보면서도 납득이 되질 않습니다. 허리까지 차오르는 쓰레기들과 사투를 벌이며 어떻게 여기서 잠도 자고 밥도 먹고 생활할 수 있었을까 도무지 상상이 되질 않습니다. 쓰레기 한가득 남기고 홀연히 떠나버린 입실자도 원망스럽고 당장 어떻게 치워야 할지 아무 생각이 나질 않습니다.

엄두가 안 나는 쓰레기방은 특수청소업체에 맡기면 되는데 쓰레기 양에 따라 견적이 달라집니다. 보통 15만 원에서 30만 원선으로 책정이 되는데 쓰레기를 다 치워도 벽지 도배까지 해야 하는 방이라 비용이 많이 들어가죠.

특히 방에 과자 부스러기 등 음식물 찌꺼기를 흘리면 바퀴벌레가 생길 수밖에 없는 환경이 만들어집니다. 보통 쓰레기방에는 택배 박스 등 온갖 종이 박스들도 쌓여 있는데 바퀴벌레가 좋아하는 환경이라 아무리 평소에 방역을 잘해도 방 하나가 관리가 안 되면 바퀴벌레는 생길 수밖에 없습니다. 바닥에 떨어진 오래된 머리카락도 바퀴벌레의 먹이가 됩니다. 비단 바퀴벌레 문제뿐일까요? 악취는 또 얼마나 심하겠습니까? 그래서 쓰레기방은 평소에 철저하게 관리해야 합니다.

저는 전문 방역업체에서 한 달에 한 번 전체 건물 방역을 하고 2~3달에 한 번씩 모든 방을 개방해서 구석구석 방역을 합니다. 꼭 방역 업체와 계약할 필요는 없습니다. 방역 물품을 구비해서 직접 하셔도 됩니다. 모든 방을 개방하면 방역 목적도 있지만 더 중요한 건 방역을 핑계로 방 확인을 할 수 있습니다. 저는 계약할 때 "사전 공지 후 정기적으로 청결한 고시원 관리를 위해 전체 방 개방해서 방역합니다."라고 미리 고지합니다. 그럼 입실자는 방을 깨끗이 써야 한다는 인식이 들 수밖에 없겠죠. 미리 고지를 하면 혹시나 발생할 수 있는 민원도 사전에 막을 수 있습니다.

실제로 방이 너무 더러워서 한 번 경고를 했는데 그 경고를 무시하고

계속 쓰레기방을 만들어서 퇴실시킨 사례가 있었습니다. 아마 방 확인을 하지 않았더라면 허리까지 쓰레기들이 쌓였을 겁니다. 정기적으로 방역을 하면 쓰레기방 확인뿐만 아니라, 여름철에 에어컨을 켜고 외출을 하거나 겨울에 화재 위험성이 있는 난방기구를 사용한다거나 고시원 운영에 문제 되는 사항들도 바로 확인할 수 있습니다. 더불어 매달 정기 방역으로 고시원 위생 관리도 신경 쓰고 있다는 홍보 효과까지 두 마리 토끼를 잡을 수 있습니다.

소음으로 주변 방에 피해 주는 입실자

"원장님, 어떤 사람이 복도에서 유튜브 소리 크게 틀어놓고 돌아다녀요. 방 안에서 텔레비전 볼륨 소리도 나고요. 어떻게 좀 해주세요."라고 문자가 온 적이 있습니다. 이런 민원이 있을 때는 혹시 몇 호방 손님인지 알고 있냐고 물어봐야 합니다. 이런 민원이 한두 번이 아닐 텐데 그때마다 전체 공지 문자를 보내면 입실자분들의 피로도도 쌓이고 문자를 자주 보내는 만큼 효력도 떨어집니다.

이때는 어떤 입실자인지 파악하고 그분에게 직접적으로 내용을 전달해야 합니다. 문자 보낸 분이 ○○호에 살고 있는 분이라고 알려줬고 마침 고시원 청소하러 가는 길에 그분을 만났습니다. 최대한 기분 상하지 않게 다른 사람 불편 겪지 않게 조용히 생활해 달라고 정중하게 부탁드렸습니다. 그분은 하루 종일 고시원에 살다시피 하는 분이었고 주방 CCTV를 보니 하루에 2끼 이상 라면을 끓여 먹었습니다. 젊은 남자 입실자였는데 식사가 늘 허술해서 밥 반찬 할 수 있는 것들과 간편하게 먹을 수 있는 사골곰국를 담아 건넸습니다. 그분의 예상으로는 왜 시끄럽게 하냐, 조심해라 이렇게 경고성 멘트가 나올 줄 알았는데 정중한 부탁과 함께 끼니 챙길 것들을 건네니 얼마나 고마웠겠어요. 그 이후로 시끄럽다는 민원은 단박에 사라졌습니다.

한참이 지나 다시 마주친 그분은 "제가 시장에서 먹으려고 산 건데 드릴 게 이거밖에 없네요."라며 제게 검정 봉투 하나를 건넸습니다. 저는 괜찮다며 마음만 받겠다고 했지만 꼭 드시라고 제 손에 쥐여 주시는데 사양할 수가 없었습니다. 고시원에서 나와 집에 가는 길에 검정 봉투를 열어봤는데 그 안에는 다 썩은 복숭아 4개가 들어있었습니다. 아마도 썩어서 제값에 팔지 못하는 복숭아를 사 온 것 같았습니다. 정말 저한테 줄 게 그것밖에 없었던 거죠. 저는 그 마음이 너무 감사해서 다음에도 먹을 것들을 주섬주섬 포장해 문고리에 걸어드렸습니다.

그러고 나서 어떤 일이 벌어졌을까요? 그분은 제가 부탁하지도 않았는데 라면 상자를 뜯어 주방 싱크대에 모두 진열해주고, 김치가 배달되면 냉장고에 넣어주고, 쌀이 배송되면 쌀통에 옮겨줬습니다. 제가 해야 할 일을 모두 해주신 거죠. 거의 반 총무가 돼서 자발적으로 고시원 일을 봐주셨습니다. 이런 경험이 쌓이면서 결국 사람에 집중하고, 사람의 마음을 얻어서 힘든 길도 쉽게 갈 수 있는 방법을 터득했습니다. 식사도 제대로 못 챙겨 먹는 그 입실자를 진심으로 걱정하고 마음을 전했기 때문에 그분도 제 마음을 잘 받아주신 것 같습니다. 이렇게 소음 민원은 잘 해결이 됐습니다. 서로 얼굴 붉히지 않고 감정 상하지 않고 말이죠.

제가 운영하는 고시원에서 이런 사례는 빈번합니다. 비단 소음 문제 뿐만 아니라 두루두루 어떤 민원에도 적용할 수 있는 방법입니다. 하지만 모두 내 마음 같지 않고 상식이 통하지 않는 사람도 있습니다. 운영자의 진심과 정성을 당연한 권리로 알고 본인의 잘못된 행동이 개선되지 않는다면 1차 경고, 2차 퇴실로 강하게 조치를 취해야 합니다.

잠재적 강성 입실자 거르기

처음 고시원 창업을 준비하고 있을 때 본업이 있고 챙겨야 할 다른 업무가 많은 상황이어서 최대한 스트레스를 적게 받고 관리도 수월하게 할 수 있는 올원룸형 고시원을 염두에 두고 임장을 다녔습니다. 그래서 브리핑도 원룸 위주로 받았고 이왕이면 개별 에어컨이 있는 시설이 잘 갖춰진 고시원 위주로 매물을 봤습니다.

제가 당시 중요하게 생각했던 건 방 가격과 입실자 정보였습니다. 방 가격이 20만 원에서 30만 원 초반은 미니룸이 대부분인데 모든 미니룸에 해당하는 건 아니지만 이 금액대는 고정 수입이 없는 일용직 근로자 혹은 나라에서 주거 지원을 받는 기초 수급자분들이 많습니다. 대부분 매너도 좋고 협조적이지만 일용직 근무자 가운데 음주를 하거나 흡연을 하는 일들이 많고 기초 수급자분들 가운데 연령대가 높아 거동이 불편하거나 소통이 어려운 경우도 있습니다. 근무지가 따로 없기 때문에 하루 종일 고시원에서 생활을 하고, 그러다 보면 운영자도 덩달아 신경 써야 할 것들이 많습니다. 고정 수입이 없기 때문에 방값이 밀리는 경우도 많습니다. 그래서 고시원 경험이 전혀 없었던 당시에는 방 가격 40만 원 이상 지불할 수 있는 입실자들이 있는 고시원을 제 나름의 기준으로 삼았습니다.

물론 지금은 고시원 운영 노하우가 쌓여 미니룸도 운영하고 있습니다. 제가 드리고 싶은 말씀은 입실자 관리를 큰 스트레스 없이 수월하게 하고 싶다면 애초에 입실자 정보를 잘 파악해서 스트레스 관리에 용이한 입실자들이 거주하는 매물을 우선순위로 알아보시면 됩니다. 매물 브리핑받을 때 방 가격을 체크하시고 입실자 정보를 사전에 확인하시는 것도 좋습니다.

해나경 특급 만실 노하우 치트키

쇼호스트 본업 이외에 파이프라인을 하나 더 만들고 싶었습니다. 20년을 넘게 해온 일이지만 이만큼 버틴 것도 쉽지 않은 일이었고 일의 특성상 언제라도 일을 내려놔야 하는 일이 생길지 모르기 때문에 늘 불안한 마음이 있었습니다. 평생의 꿈이었던 쇼호스트가 됐고 대학 졸업하자마자 일을 시작해 지금까지 평생을 해오고 있습니다. 프리랜서 형태로 근무하면서 1년 단위 계약직입니다. 재계약이 안 되면 언제라도 떠나야 합니다. 젊고 역량 있는 후배들은 계속 들어옵니다. 버티고 버티면서 지금까지 자리를 지켰습니다.

고시원을 하기 전 까지만 해도 다른 일은 상상조차 해 본 적이 없었기에 현금 흐름을 하나 더 만들려면 뭐부터 해야 할지 막막했습니다. 방송 스케줄은 아침, 저녁, 낮, 자정 가릴 것 없이 랜덤으로 주마다 캐스팅이 나와서 다른 일에 제약도 많았습니다. 할 줄 아는 게 없어서 도무지 답이 나오지 않아 책이라도 읽어보자는 마음에 서점과 도서관으로 달려갔습니다. 실용서들도 많았지만 유독 눈에 띄는 책은 김성호 회장님의 『육일약국 갑시다』였습니다. '고객을 어떻게 감동시킬까, 어떻게 만족시킬까.'에 집중하면서 친절과 정성을 최우선 가치로 삼았습니다. 당시 구경도 하기 어려웠던 자동문을 4평짜리 약국에 설치해 아이들이 하루 종일 놀고 있는데도 내쫓지 않고 더 놀게 해준 에피소드가 떠오릅니다. '박카스 한 병을 구매하는 손님에게도 정성을 쏟는데 내 집(고시원)에 살고 있는 분에게는 더 정성을 쏟아야지, 그럼 내가 더 행복을 느끼겠지.' 이 책 덕분에 이런 마음을 가지고 고시원 사업을 시작했습니다. 그래서 그럴까요? '어떻게 하면 고객을 감동시킬 수 있을까?'라는 마음은 결국 만실로 돌아왔고 큰 무리 없이 운영을 하고 있습니다.

다이소 천 원짜리 바구니

첫 번째 고시원 운영 중에 실제 이런 일이 있었습니다. 당시 저는 제주도 여행 중이었는데 입실 문의 전화가 왔습니다. 마침 원하는 입실 날짜에 맞춰 퇴실하는 방이 있어서 입실은 가능한데 여행 중이라 청소가 어렵다고 말씀드렸죠. 운영 초반이라 청소를 직접 하던 때입니다. 입실 날짜를 조금만 미뤄줄 수 있는지 물었는데 꼭 그날 입실을 해야 해서 청소는 본인이 직접 하겠다는 답변이 왔습니다. 저는 청소 수고 없이 바로 계약을 할 수 있어서 좋았지만 내심 찝찝하고 손님께 죄송한 기분이 들었습니다.

여행을 마치고 다시 손님께 전화해서 "괜찮으시다면 제가 간단히 방 청소 도와드려도 될까요? 불편하시면 화장실 청소라도 하고 나오겠습니다."라고 말씀드렸더니 알겠다고 하셔서 고시원으로 달려갔습니다. 화장실에 들어가 보니 샴푸, 린스, 면도기, 칫솔, 치약, 로션 등 욕실용품이 널브러져 있었습니다. 얼른 근처 다이소로 달려가서 천 원짜리 3칸 수납 정리 바구니와 칫솔 정리함까지 2천 원 들여서 화장실을 깔끔하게 정리해 드렸습니다. 손님이 퇴근해서 좋아하실 생각을 하니 웃음이 절로 나오더라고요.

별거 아니지만 손님 입장에서는 작은 이벤트처럼 느껴지지 않았을까요? 이게 바로 고객 감동이라고 생각했습니다. 묘한 뿌듯함과 행복감까지 밀려왔습니다. 육일약국에서 작가님이 느꼈던 바로 그런 감정 아니었을까요? 그날 밤 손님에게 전화가 왔습니다.

"원장님, 지금 혹시 비어 있는 방 몇 개 있어요?"

"지금 3개 정도 남았어요."

"그거 제가 다 채워 드릴게요."

"네?"

결론부터 말씀드리면 2천 원 주고 산 다이소 정리함으로 저는 45만 원짜리 방을 3개나 채웠습니다. 부탁하지도 않았는데 청소를 해주고, 수납함에 깔끔히 정리된 욕실용품을 보면서 감동을 받으셨나 봅니다. 알고 보니 이 손님은 분양사무소 팀장님이었고 함께 팀을 꾸릴 팀원들의 숙소도 알아봐야 하는 타이밍이었습니다. 어찌나 감사하던지.

저는 여기서 그치지 않고 감사한 마음에 마침 퇴실하는 가장 큰 방이 있어서 새 겨울 침구를 준비해 방을 옮겨 드렸습니다. 손님은 한 번 더 감동을 받으셨겠죠? '어떻게 하면 조금이라도 손님들이 감동받을 수 있을까?' 하는 마음으로 시작했는데 그 마음의 정성이 만실 운영의 뿌리가 되어주었습니다. 당장의 지출과 시간, 노력 등이 들어가는 일이지만 저는 이보다 더 완벽한 투자는 없다고 생각합니다.

흡연 민원

첫 번째 고시원을 인수하고 흡연 민원이 처음으로 들어왔습니다. 그때는 경험도 없었고 어떻게 대처해야 할지 몰랐죠. 흡연은 화재 위험과 주변 방에 피해를 줄 수 있기 때문에 적발 시 바로 퇴실 안내를 하고 있지만 당시만 해도 공실이 넘처나는 고시원을 인수했기 때문에 당장 방 하나가 아쉬운 상황이었습니다. 그렇다고 민원이 들어온 이상 그냥 두고 볼 수도 없는 일이었죠. 당시 담배 민원을 받자마자 총무님과 함께 전체 공지 후 방문을 열어 담배 냄새를 확인했습니다. 그중에 방 하나가 온통 담배 냄새에 절어 있었습니다. 인수 전부터 장기 손님이 있던 방이었는데 얼마나 담배를 피웠는지 벽지도 누렇고 화장실 쫄대도 누렇게 바래 있었죠.

저는 현장을 확인하고 잠시 고민한 뒤 이렇게 말했습니다. "고시원 규정상 흡연하셨으니 지금 바로 퇴실하셔야 하는데요, 선택지가 하나 더 있습니다. 제가 전체 도배 새로 하고 입주 청소 불러서 완전히 새 방을 만들어 드릴 테니 다시는 흡연 없이 방 깨끗이 쓰실래요? 아니면 지금 당장 퇴실하실래요?" 그분은 당황스러운 표정으로 죄송하다는 인사와 함께 계속 고시원에 남아있겠다고 했습니다. 당장 보증금 환불도 없이 쫓겨날 줄 알았는데 되레 도배를 해주고, 청소까지 해준다고 하니 어안이 벙벙했던 거죠. 저는 도배에 바닥 데코타일, 입주청소까지 불러 완전히 새 방으로 만들어드렸습니다.

며칠이 지나고 저희 총무님은 "303호 그분 담배 피우려고 1층 마당에 수시로 내려와요. 예전에는 방에서 창문 열어놓고 피워서 한 번도 내려오질 않았는데 지금은 바쁘게 내려오시네~ 본인도 냄새 안 나는 새 방에서 깨끗이 살고 싶긴 한가 봐요." 이렇게 연락을 주셨습니다. 당장 방 한 달 치 월세가 복구 비용으로 들어갔지만 흡연 민원도 사라졌고 방 하나가 더 빠질까 걱정할 필요도 없었습니다. 그리고 제가 운영하는 3년 내내 이사 없이 장기 거주해 주셨습니다. 이런 게 바로 만실 노하우 아닐까요?

따뜻한 목소리

제가 처음 운영했던 고시원 입실자들은 입시 학원생들이 많았습니다. 근처에 유명한 입시학원이 있어서 재수 반수 하는 학생 손님이 주를 이뤘죠. 아무래도 지방에서 올라오는 학생들이 많았기 때문에 사진만 보고 입실 계약을 하는 것도 걱정이 많았을 테고, 타지 생활에 고시원 생활도 처음이다 보니 불안해하는 경우가 많았습니다.

한번은 여학생에게 문의 전화가 왔습니다. 밝고 친근한 목소리로 친절하게 안내를 도와드렸습니다. 그리고 며칠 후 그 여학생 어머니에게 다시 전화가 왔습니다. "사장님 다름이 아니고 저희 아이가 ○○하우스에서 살고 싶다고 하는데요. 아이가 다니는 입시학원이 ○○하우스에서 걸어서 20분 넘게 걸리더라고요. 학원이랑 가까운 곳에서 지냈으면 좋겠는데 꼭 ○○하우스에 있겠다고 해요. 사장님 목소리가 따뜻하고 친절해서 마음이 간다고 해요. 저희 딸 앞으로 잘 부탁드립니다." 저희 고시원에서 지하철역으로 한 정거장 떨어져 있는 입시학원에 다니는 친구였습니다. 어떤 마케팅도 하지 않고 친절한 전화 한 통으로 1년짜리 계약을 성사시킨 거죠. 이렇게 또 저는 방 하나를 채웠습니다. 진짜 마케팅이란 바로 이런 게 아닐까 싶습니다.

다들 그런 경험 있지 않으신가요? 무심코 들어간 식당에서 서빙하는 점원이 싱긋 웃으며 친절하게 메뉴판을 가져다주고 알아서 반찬을 채워주고 식사가 끝날 즈음 맛있게 드셨냐는 진심 어린 인사를 건네서 허기를 채우는 것 이상의 기쁨과 소소한 행복을 느끼게 해줬던 경험 말입니다. 저는 식당 예약할 때 최대한 바쁜 시간을 피해 전화하는 편인데 그럼에도 불구하고 전화를 성의 없이 받거나 먼저 툭 하고 전화를 끊어버리면 다시는 그 식당에 가고 싶지 않습니다.

고시원을 운영하다 보면 매번 같은 말을 반복해야 합니다. 지겹기도 하고 귀찮아지면서 열정 넘치는 원장님은 초심을 잃기도 합니다. 돈으로 해결하는 마케팅이 대부분이지만 돈 한 푼 들이지 않고도 효과 좋은 마케팅 방법이 있습니다. 초심을 잃지 않고 성의를 갖고 한 분 한 분 친절하게 응대해드리면 그것이야말로 진짜 마케팅이지 않을까요? 저는 고시원 마케팅에 신경을 잘 못 쓰는 편이라 먼저 찾아와주는 손님만큼은 놓치지 말자는 마음을 가지고 있습니다. 이미 제 고시원이 어느 정도 마음에 들었기 때문에 문의 전화도 주신 것이고 상냥한 응대 전화로 이미 호감을 갖고 계시기 때문에 사진과 다르지 않은 실제 룸 컨디션에 쾌적하게 관리된 고시원만 받쳐준다면 계약은 쉽게 진행됩니다. 쉬운 것 같지만 아무나 할 수 없는 친절함이 저의 만실 노하우입니다.

다시 찾는 손님

룸투어까지 마치고 계약까지 확정돼서 입실 날만 기다리고 있는데 갑자기 사정이 생겨서 입실 못 하게 됐다고 연락 주는 손님들이 더러 있습니다. 김이 확 빠지죠. 보통 이런 전화를 받으면 퉁명스럽게 대답이 나오거나 끝까지 친절해지기가 쉽지 않습니다. 그사이 다른 입실 문의 손님이 있었는데 놓친 경우가 많았을 테니까요. 속상한 마음 한가득이지만 저는 끝까지 친절하게 응대하려고 노력합니다. 그리고 새로 구한 방에서 좋은 일 가득하시라는 인사말도 건넵니다. 그럼 백발백중 죄송하고 감사하다는 인사나 문자가 돌아옵니다.

실제로 "원장님 저 혹시 기억하세요? 예전에 전화드렸었는데 입실 못 했었거든요. 저 다시 계약하려고요. 방 있을까요?"라는 전화도 옵니다. 만약 제가 계약 취소한 손님이라고 홀대하거나 끝까지 진심으로 대하지 않았다면 절대 다시 연락하지 않았을 겁니다. 어찌나 감사하던지요. 저는 이렇게 다시 찾아준 손님에게는 특별히 더 신경을 씁니다. 대단한 걸 해드리는 건 아니지만 사소한 것도 잊지 않고 챙겨드리고 더 따뜻한 관심을 보냅니다. 그럼 이 손님은 자연스럽게 제 사람이 됩니다. 고시원 생활 규칙도 잘 지키고 고시원에서 발생하는 크고 작은 문제들도 알아서 보고(?)해줍니다. 급한 일이 생길 땐 부탁도 드릴 수 있죠.

여기서 중요한 건 '내가 잘 챙겨줬으니 이 정도는 부탁할 수 있지.'라는 생각을 가지고 있으면 결국 오해를 부르기 쉽고 더 껄끄러운 관계가 될 수도 있습니다. 기브앤테이크가 아니라 기버 마인드로 진심을 다해야 합니다.

진심을 다했던 외국인 손님

제 두 번째 고시원은 마포구 대학교 상권이어서 외국인 손님 문의가 많은 곳이었습니다.

영어 왕초보인 저는 당시 영어 회화를 잘하고 싶어서 고군분투 중이었고, 여행지에서 호텔이나 식당을 제외하고는 단 한 번도 외국인과 대화를 나눠보지 못했습니다. 화상영어나 전화 영어 말고 직접 만나 차도 마시고 식사도 하면서 감정을 공유하고 싶었습니다. 알아듣든 못 알아듣든 대화를 나눠보고 싶었습니다. 그런데 막상 외국인 친구를 사귀는 건 쉬운 일이 아니었죠.

어떻게 하면 외국인 친구를 만날 수 있을까 고민하던 중에 '대학 상권에서 고시원을 하면 가능하지 않을까?라는 생각이 들었습니다. 마침 마포구 대학 상권에 무권리로 좋은 고시원 매물이 나와 덥석 계약을 했습니다. 정말 제가 생각해도 일석이조였죠. 고시원으로 돈도 벌고 외국인 친구도 만나다니! 제가 운영하는 고시원에 살고 있으니 마음만 먹으면 언제든지 만날 수 있었습니다. 아직도 그 순간을 잊을 수가 없습니다. 첫 외국인 손님과 나눈 첫 대화 말이죠. 그 외국인 손님에게 "우산 빌려줄까?"라고 건넨 첫 마디. 콩글리시와 보디랭귀지로 스몰토크를 나누고 집으로 가는 길에 좀처럼 흥분이 가라앉지 않았습니다.

그리고 용기 내서 그 외국인 손님에게 방 가격을 50% 할인해 줄 테니 일주일에 두 번 2시간 정도 티타임이 가능하냐고 물었습니다. 지나고 보니 파격적인 할인이었지만 하나도 아깝지 않았습니다. 그 외국인 친구 이름은 아딘이었고 캐나다에서 온 20살 청년이었습니다. 약속대로 아딘과 일주일에 두 번 만나 대화를 나누면서 가까워졌고 아딘 친구들과 함께 한국 음식도 먹으러 다니면서 좋은 친구가 됐습니다. 특별히 화장실 청소 서비스도 해주고, 문제가 생기면 바로 달려가 해결해줬습니다. 제게 고마움을 느낀 아딘은 캐나다에 있는 부모님께 숙소 사장님이 정말 잘해주신다며 제 이야기를 나눴나 봅니다. 아딘 부모님과 영상통화를 하게 됐고, 우리 아들 잘 챙겨줘서 고맙다며 올 크리스마스에 저희 가족을 초대하고 싶다고 했습니다.

그해 겨울 제 딸과 저는 크리스마스와 새해를 아딘 집에서 보낼 수 있는 엄청난 선물을 받았고 저희는 열흘간 아딘 가족과 함께 행복한 시간을 보냈습니다. 세상에나. 고시원 하면서 외국인 친구를 만나고, 진심을 다했더니 호텔이나 리조트가 아닌 현지인 집에서 머무는 아주 귀한 경험을 하게 됐습니다. 크리스마스에는 TV에서 본 칠면조도 굽고 12월 31일에는 해피뉴이어를 외치며 파티도 즐겼죠. 평생 잊을 수 없는 추억을 딸과 함께 간직하게 됐습니다.

아딘은 친구들에게 고시원도 추천해줘서 영업사원 노릇도 톡톡히 했습니다. 아딘 소개로 입실한 외국인 친구에게는 방값 할인 대신 맛집, 카페 투어를 시켜주면서 영어 공부도 이어 나가고 입실료도 정가로 받았습니다. 제 로망도 실현하고 방도 채우면서 만실 운영도 하게 됐네요. 아무리 생각해도 고시원은 참 흥미로운 사업임이 확실합니다.

시설업자 내 편 만들기:
무인 운영의 핵심

오토 운영 세팅해 놓으면 일주일에 한두 번 마실 나가듯 다녀와도 통장에 현금이 따박따박 들어오는 사업. 하지만 동전의 양면처럼 고시원 사업도 일장일단이 있습니다. 갑자기 배관이 막혀 화장실 물이 역류하거나, 누수가 터지거나, 혼자 힘으로는 해결할 수 없는 일에 봉착했을 때 난감할 수밖에 없습니다. 물론 제 창업 강의 수강생 원장님들은 제가 운영하는 해나경 패밀리 원장님방에 "아는 업체 소개해 주실 수 있을까요?"라는 SOS 문자를 보내면 도깨비 방망이처럼 거래했던 업체 전화번호가 튀어나옵니다. 하지만 이런 커뮤니티가 없다면 인터넷을 검색하면서 일일이 업체에 전화해서 견적 물어보고, 혹시나 바가지를 씌우는 건 아닐까 불안해해야 합니다.

저도 처음에는 워낙 상황이 급하다 보니 마케팅 홍보글인 건 알지만 블로그 후기가 좋은 곳에 연락해서 일을 수습했습니다. 저는 이런 과정도 운영 초반에는 필요하다고 봅니다. 여러 업체와 거래해보면서 비교도 해 보고 어떤 업체가 일을 잘하는지 적정한 금액을 받는지 비교할 수 있으니까요. 초반에는 손해보는 장사여도 경험치를 쌓는 게 중요하다고 생각합니다.

제가 드리고 싶은 이야기는 지금부터입니다. 초반에는 시행착오를 겪었지만 현재 운영에 크게 어려움을 겪지 않는 이유는 문제가 터졌을 때 바로 달려와 도와주는 대표님들이 계시기 때문입니다. 배관, 보일러, 전기, 누수, 인테리어, 도어 등 전화 한 통이면 출동해 주십니다. 밤낮, 휴일 가리지 않고 제가 고시원에 가지 않아도 상황정리까지 다 해주십니다. 금액 또한 합리적이죠. 이분들이 계셔서 진짜 오토 운영이 가능해지는 거겠죠?

고시원은 거주 공간이기 때문에 24시간 언제 어떤 일이 발생할지 모릅니다. 그래서 자다가도 달려와 작업해주는 대표님들께 저는 감사 인사를 잊지 않습니다. 야근 수당이나 휴일 수당을 챙겨드렸어도 "밤늦게까지 고생 많으셨어요. 치킨에 맥주 한잔하고 주무세요."라는 메시지와 함께 넉넉한 양의 치킨 쿠폰을 보내드립니다. 생각지도 못한 선물을 받은 대표님은 당연히 저를 좋은 사람으로 기억해주겠죠? 저의 호감도가 올라갈 수밖에 없습니다.

참고로 저는 작업 시작하기 전에 대략적인 금액을 물어보긴 하지만 무턱대고 깎아 달라고 조르지 않습니다. 어떻게 해야 할지 몰라 발만 동동 구르고 있었는데 이렇게 와 주셔서 정말 감사하다고 잘 부탁드린다고 인사를 먼저 건넵니다. 작업이 끝나고 결제할 때는 "고시원 원장님들이 꽤 많이 모인 모임이 있는데 꼭 소개하겠습니다."라고 말합니다. 이런 인사가 깎아달라 보채는 것보다 훨씬 효과가 좋습니다. 설령 업자분이 가격을 올려 바가지를 씌웠어도 역시 전문가는 다르다며 작업 능력을 칭찬해 줍니다. 이렇게 물꼬를 트면 친분이 생기고 좋은 거래업체로 관계가 발전됩니다. 제 경험상 이렇게 친분을 쌓으면 다음 작업 때는 훨씬 좋은 금액으로 더 신경 써서 일을 해주십니다. 혹시 제 소개로 일이 더 들어오면 그땐 더 두텁게 신뢰가 쌓입니다.

언젠가 자정이 넘어갈 시간에 입실자분에게 전화를 받았습니다. "원장님, 화장실 물이 내려가질 않아요." 통화하는 사이 여기저기서 문자가 옵니다. "원장님 화장실에 물이 차오르고 있어요." 상황을 파악해보니 5층 전체 화장실에서 물이 빠지지 못하고 역류 중이었습니다. 물은 차오르기 시작했고 동시다발적으로 연락이 오니 어찌해야 할지 몰랐습니다. 일단 고시원 근처에 살고 계시는 청소 대표님께 전화해 바로 고시원에 와주실 수 있는지 부탁했고 대표님은 한걸음에 달려와 주셨습니다. 그사이 저는 24시간 출장이 가능한 업체를 검색하고 도착 소요시간과 대략적인 출장 금액을 체크했습니다. 그중에 가장 빨리 도착할 수 있는 업체에 연락했고 저도 서둘러 고시원으로 갈 채비를 했습니다.

화장실 배수구 쪽에 종유석처럼 이물질이 딱딱하게 굳어 배수가 잘 안 되는 상황이었고 물이 빠지는 통로가 막히면서 5층 전체 화장실이 역류

했던 것이죠. 원인을 찾는 과정에서 방 안에 있는 화장실 상태를 확인해야 했습니다. 이럴 때 보통은 원장이 직접 양해를 구해 방문을 열어줘야 하는데, 상황이 급하니 배관 업체에서 제게 따로 부탁하지 않고 스스로 입실자분들과 소통하면서 빠르게 일 처리를 해주셨습니다. 그래서 작업도 빨리 끝났고 빠르게 대처도 할 수 있었습니다. 얼마나 감사하던지요. 앞으로 배수 막히지 않게 사전 예방법도 알려주시고 마지막까지 꼼꼼하게 설명해주셨습니다. 그 덕분에 큰 탈 없이 상황이 마무리됐는데요.

너무 감사해서 해나경 패밀리 원장님방에 업체 연락처 공유도 해드리고 유튜브 콘텐츠로 만들어 제 채널에도 홍보해드렸습니다. 얼마 지나지 않아 해나경 패밀리에서 작업 의뢰를 하셨다며 일 처리 잘해드리고 할인도 해드렸다는 연락이 왔습니다. 양쪽에 서로 도움을 드린 거 같아 뿌듯하더군요. 이렇게 좋은 관계를 유지해오던 중 저희 고시원 싱크대 배관에 또 문제가 생겨 대표님께 작업 연락을 드렸는데 대표님이 도착하기 전에 문제가 해결되는 일이 있었습니다. 대표님 입장에서는 허탕을 치고 돌아가는 상황인데 오히려 제게 "원장님 제가 내일 다시 와서 전체적으로 점검해 드릴게요. 혹시 또 문제 터질 수도 있으니까요."라는 대답이 돌아왔습니다. 대표님은 추가 비용도 받지 않고 5층짜리 건물 배관을 하나하나 점검해 주셨고 막힌 배관 청소까지 해주고 가셨습니다. 저는 배관 대표님께 소중한 고객이었고 대표님은 제게 최선의 서비스를 해주신 거죠. 이렇게 우리는 시설업자 대표님들에게 소중한 고객이 되어야 합니다.

우리가 서비스를 요구하기에 앞서 알아서 서비스를 챙겨줄 수 있도록 좋은 관계를 만들어야 합니다. 물론 제가 유튜브도 하고 고시원 창업 강의도 한다고 하니 영업의 일환으로 더 잘 챙겨준 거 아니었을까? 생각할 수도 있습니다. 하지만 제가 누구인지 전혀 모르고 배관 대표님처럼 좋은 관계를 이어가고 있는 분들이 많이 계십니다. 입실자만 내 편으로 만드는 것이 아니라 내 고시원을 언제든 믿고 맡길 수 있는 시설업자 대표님들도 내 편으로 만드는 노력이 필요합니다. 당장의 이익보다 거래가 아닌 관계에 집중해 서로에게 좋은 사람이 되어야 합니다. 처음부터 착한 사람 나쁜 사람은 정해져 있지 않다고 생각합니다. 당장 저만 봐도 누

군가에게는 천사 같은 사람이고 또 누군가에게는 이기적인 사람일 수도 있습니다. 상대가 어떤 사람이냐에 따라 달라질 수 있습니다. 입실자든 거래처든 내가 좋은 사람이 되어서 그들을 좋은 사람으로 만들어야 합니다. 좋은 사람을 내 편으로 만들기. 잊지 마세요!

고시원 업무 루틴:
3개월은 직접 해 봐야 합니다

고시원을 인수하면 어떤 일을 해야 할까요? 하나씩 살펴보도록 하겠습니다. 하는 일은 크게 손님 응대, 청소, 마케팅 3가지로 나눌 수 있습니다.

손님 응대는 문의 전화를 받는 것부터 시작하죠. 원하는 방 타입은 무엇인지, 입실 예정일은 언제인지, 거주기간은 얼마나 되는지 체크하면서 상담을 도와드리고 룸투어 일정을 잡습니다. 거주기간을 물어보는 경우는 장기 입실 시 할인 제안도 드릴 수 있지만 이왕이면 장기 손님 예약이 관리에 훨씬 수월하기 때문입니다. 운영 초기에 1시간 차이로 입실 문의가 들어왔는데 먼저 전화 주신 분은 한 달 손님이었고 2번째로 전화 주신 분은 1년 손님이었습니다. 제 입장에서는 당연히 1년 거주 손님을 잡아야 하는데 거주기간을 물어보지 못해서 한 달 손님을 계약했고 한 달 뒤 다시 공실 청소를 하고 다른 손님을 기다려야 했습니다. 룸투어 안내 전위에서 말씀드린 3가지는 잊지 말고 물어보세요. 그리고 지방에 계시거나 여건이 안 되는 분들은 룸투어 없이 사진과 전화 상담만으로도 계약이 이루어지는 경우가 많습니다. 홍보에 필요한 사진은 실제 방과 차이가 거의 없게 하고 공들여 최대한 예쁘고 깔끔하게 찍는 게 중요합니다. 더불어 친절한 응대는 입실자에게 신뢰로 이어지는 부분이기 때문에 긴장을 놓지 않고 성심성의껏 응대해 드려야 합니다

룸투어는 입실자와 동행하거나 무인으로도 충분히 안내할 수 있습니다. 운영 초반에는 어떤 사람들이 입실하는지 확인도 해야 하고 빠른 시간 안에 방을 채워야 하니 운영 3개월 정도는 직접 고시원 현장에서 응대하는 룸투어를 추천드립니다. 현장에서 손님을 직접 만나면 손님들이 원하는 것이 무엇인지, 입실료는 적정한지, 무엇을 기준으로 고시원을 보러 다니는지 알 수 있습니다.

직장을 다니고 있거나 매번 룸투어를 현장에서 할 수 없는 경우라면 충분히 전화 안내로도 가능합니다. CCTV 보면서 입실자에게 위치 안내를 하고 공실은 도어락이 있으니 번호를 알려주면 됩니다. 손님이 방 계약을 원한다면 예약금을 받고 입실 안내를 문자로 정리해서 보내 드립니다. 저는 깨끗하게 청소된 신발장에 계약서를 비치해놓습니다. 신발장 혹은 방 책상 위 어디든 좋습니다만, 저는 계약서 작성과 입실료 입금 후에 입실을 원칙으로 하고 있어서 신발장에 계약서를 비치합니다.

예약금이 입금되면 신발장 번호, 1층 출입구 비밀번호, 호실 및 도어

락 비밀번호, 비밀번호 변경 방법을 안내합니다. 계약서는 1부만 작성하고 사진 찍어 개인 보관을 부탁드린 뒤 무인 택배함에 넣어달라고 안내드립니다. 보통 고시원에서는 무인택배함 사용을 거의 하지 않기 때문에 잠금장치가 되어있는 우편함을 구입해 쓰시면 됩니다. 계약서는 고시원 갈 때 우편함에서 빼서 서류함에 정리하면 됩니다. 참고로 저는 청소해 주시는 분께 부탁해서 고시원에 갈 일을 최대한 만들지 않습니다.

계약 이후에는 입실자 문의가 쏟아질 수 있습니다. 쓰레기는 어디에 어떻게 버려야 하는지, 와이파이 비밀번호는 무엇인지, 세탁기는 어디에 있는지 질문 폭탄에 일일이 응대해야 합니다. 그래서 저는 문자로 보기 좋게 고시원 생활 규칙 사항을 정리해서 보내 드립니다. 꼼꼼하게 읽어 보고 확인했다는 문자를 회신해달라고 당부합니다. 행여 이후에 공동 규칙에 어긋난 행동을 해 문제가 생겼을 때 모르쇠로 나오는 입실자에게 확인 문자는 증거가 됩니다. 생활 안내 문자를 확인 안 하고 다시 전화로 물어보는 분들이 계시는데요. 이제 일일이 대응하는 것도 최소화해야 합니다. 이때 저는 손님 편의를 위해 바로 안내를 해드리고 있지만, "보내 드린 문자에 상세히 적혀 있으니 참고 부탁드립니다."라고 한 번 더 문자를 보내 향후 비슷한 일로 연락이 또 오는 것을 차단하고 있습니다. 그리고 입실자 고시원 생활 안내 수칙을 공유한 이후로는 따로 문의 오는 횟수가 현저히 줄어들었습니다.

다음으로 고시원 주된 업무는 청소입니다. 방 40개 이상의 규모가 큰 고시원은 쓰레기 배출량이 많기 때문에 거의 매일 가서 청소를 해야 하고 그 이하 방 개수는 주 3~4회 방문해서 청소를 합니다. 방은 입실자들이 직접 청소하기 때문에 신경 쓸 필요가 없고 공용 공간만 청소하면 됩니다. 주방, 공용 화장실 및 욕실, 복도, 현관 청소와 재활용 및 음식물 쓰레기 배출이 있습니다. 1시간에서 2시간 이내로 충분히 끝낼 수 있는 일들입니다. 공실이 생겼을 때 방 청소도 물론 있습니다.

마지막으로 마케팅은 다른 무인 업종에 비해 고시원은 훨씬 품이 덜 갑니다. 저는 고시원과 파티룸, 무인카페도 함께 운영 중인데요. 파티룸의 경우 마케팅 작업을 조금만 소홀히 해도 예약률이 떨어집니다. 새롭게 오픈하는 파티룸도 많고 워낙 경쟁해야 하는 업체 수가 많아 비용도 시간도 만만치 않게 들어갑니다. 고시원은 이에 비하면 심플합니다. 제가 주로 이용하는 마케팅 방법으로는 고방 프리미엄 요금제와 파워링크인데요.

고방 프리미엄 요금제를 사용하면 최상단에 사진 이미지를 일반 업체에 비해 크게 해서 노출해줍니다. 기간별로 요금제가 있는데 저는 1년 치선불로 내고 1년 내내 아무 신경 안 쓰고 마음 편히 홍보할 수 있어 계속 이용 중입니다.

고시원 검색이 네이버에서 주로 이루어지다 보니 네이버 지도 기능을 최대한 활용해보는 것도 좋습니다. 사업자등록증이 발급되면 가장 먼저 스마스 플레이스에 내 업체 등록을 하실 텐데요. 이때 최대한 공을 많이 들여 고시원 업체 정보를 기입하고 많은 사람들이 체류할 수 있도록 합니다. 예약 기능도 최대한 활용하고 리뷰도 최대한 많이 받을 수 있도록 하고 소식도 자주 올리면서 신경 쓰면 상단 노출이 되어 자연스럽게 광고 효과를 누릴 수 있습니다. 고시원은 검색량이 많은 센 키워드가 아니기 때문에 고시원이 밀집되어 있는 몇몇 핵심 지역을 제외하고는 상단 노출도 노려볼 수 있습니다.

만약 이런 과정이 복잡하고 어렵다면 비용을 들여 네이버 검색 광고인 파워링크를 활용해보는 방법도 있습니다. 파워링크는 네이버 페이지에서도 최상단에 노출을 해주는데요, 노출이 쉽게 잘되는 만큼 비용이 많이 드는 단점이 있습니다만 내가 원하는 때에만 광고 노출을 하고 원하지 않으면 사용하지 않아도 되는 운영의 장점이 있습니다. 그리고 무료로 파워링크를 관리해주는 업체도 있어서 크게 신경 쓰지 않으셔도 됩니다. 물론 공부해서 같이 관리하면 더 좋겠죠.

결론적으로 고시원은 마케팅에서 큰 스트레스를 받지 않아도 되기 때문에 부모님이 운영하시기에도 좋습니다. 그래서 직장에 다니시는 분들도 투잡으로 운영하시거나 2개, 3개까지 운영하는 분들도 계시죠.

무인 운영의 매력으로 고시원 사업을 선택하신 분들이 많이 계실 텐데요. 제 고시원 강의를 듣는 모든 수강생분들에게 드리는 말씀이 있습니다. "3개월 정도는 갈아 넣는다고 생각하셔야 해요. 자유는 3개월 이후에 만끽하도록 해 봐요." 적을 알고 나를 알아야 백전백승이라고 하죠. 아무리 시스템이 잘 갖춰진 고시원이라 하더라도 직접 운영해보면서 고시원 돌아가는 흐름을 면밀하게 파악하셔야 합니다. 그리고 일명 '썩고'라고 하죠? 공실이 많고 노후되고 관리가 안 된 고시원을 인수해 인테리어

끝내고 손님을 채우는 데는 3개월 정도의 시간이 소요됩니다. 참 신기한
건 지역이 달라도, 방 타입이 달라도, 방 개수가 달라도 대부분 3개월이
면 공실이 채워진다는 사실입니다. 대부분의 수강생분들이 초반에는 방
이 채워질까 많이 걱정하고 불안해하는데요, 인수 과정을 지켜보면서 대

부분 3개월이면 안정화가 되었습니다. 단, 아무것도 하지 않고 가만히 있는데 3개월이 지났다고 알아서 방이 채워지지는 않습니다. 깔끔하게 쓸고 닦고 도배 바닥도 새로 하고 예쁜 소품 인테리어와 조명으로 방도 아늑하게 살고 싶게 만든 다음 사진을 완벽하게 찍어야 합니다. 이런 노력을 한 후에야 공실이 채워집니다.

따뜻한 나눔을
실천하는 고시원

　저희 고시원에는 자립청년이 지내고 있습니다. 스스로 자립해야 하는 청년들에게 조금이나마 힘이 되고자 하는 마음으로 시작했는데요. 비록 가정집처럼 넓고 편안한 공간은 아니지만 저희 고시원에서 지내면서 주거비용을 아끼면 이들의 자립 여정에 도움이 될 수 있을 거라 생각했습니다. 고시원에 머무르면 난방비, 전기세, 수도세, 인터넷 등 공과금을 아낄 수 있고 건물 관리비도 들지 않습니다. 쌀, 김치, 세제 등도 무료로 이용할 수 있습니다. 매달 나가야 하는 주거비용을 최소화하여 새로운 출발에 도움이 되고 싶었습니다. 깨끗하게 관리만 잘하면 좁은 공간이지만 나만의 공간이 생기기에 청년들의 자립에 조금이나마 보탬이 될 수 있지 않을까 생각했죠. 돈을 버는 것도 정말 중요하지만, 사회에 보탬이 될 수 있는 사업을 하고 있다는 자부심에 고시원 일을 즐기며 하고 있습니다.

저는 자립청년 2명을 후원하고 있고 이 친구들의 정식 거주지가 마련되면 다음 자립청년에게 방을 내어줍니다. 자립청년 이외에도 멋진 청년 한 명을 장기간 후원하고 있는데요, 언젠가 저희 고시원 검색을 한 적이 있습니다. 저희 입실자분이 본인의 블로그에 저희 고시원 이야기를 살짝 언급했더라고요. 호기심에 글을 읽다가 어떤 분인지 궁금해서 다른 글도 읽어봤는데, 한창 꿈을 키우고 다양한 경험을 해야 할 이십 대 초반에 혈액암에 걸려 항암치료를 하면서 고군분투하고 있는 이야기들이 올라와 있었습니다. 자연스럽게 유튜브까지 보게 됐고, 부모님 걱정하실까 봐 해맑게 웃으면서 삭발하는 모습을 보면서 정말 울컥했습니다. 다행히 현재는 완쾌해서 꿈을 키우며 열심히 살아가고 있었습니다. 본인의 투병기를 글과 영상으로 올려 누군가에게 희망이 되고 도움을 주고 싶다고 했습니다. 그런 멋진 청년의 꿈을 위해 저도 도움이 되고 싶었습니다. 그래서 조심스럽게 그 친구에게 제안했죠. 입실료를 받지 않을 테니, 목돈으로 잘 모으고 굴려서 꿈을 이루는 데 썼으면 좋겠다고.

방 3개를 후원하면 120만 원 정도의 금액입니다. 아마 다른 사업을 하고 있었다면 쉽게 결정하지 못했을 액수입니다. 하지만 고시원이기 때문에 가능했죠. 제가 운영하고 있는 고시원은 거의 만실로 운영되고 있고 방 개수가 53개라 2~3개 후원하는 건 큰 타격은 아닙니다. 고시원 사업 덕분에 이렇게 따뜻한 나눔을 실천할 수 있는 사람이 됐습니다.

제 도움을 받은 청년은 해마다 사과를 한 상자씩 보내주는데 어찌나 달고 맛있던지요. 또 감사한 건 저희 고시원에 머물렀던 자립청년의 편지를 받게 된 순간이었습니다. 저로 인해 베푸는 삶을 살고 싶은 목표가 생겼다는 그 친구의 편지를 보면서 가슴이 뜨거워졌습니다. 이 친구는 제가 유튜브 채널을 운영한다는 걸 알고 있었는데요, 직접 출연 의사를 밝혀줘서 함께 촬영도 했는데 이 영상을 보고 많은 원장님들이 후원에 동참하고 싶다는 연락을 주셨습니다. 한 원장님께서는 당장 동참하고 싶은데 고시원 여건이 좋지 않아서 도배 바닥도 새로 하고 조금 더 큰 방이 나오면 바로 후원하고 싶다고도 말씀해 주셨습니다. 따뜻한 나눔이 연결되고 확장되는 경험을 하면서 고시원 사업의 매력을 더 깊이 느끼게 됐습니다.

고시원은 제게 이런 따뜻함도 선물해줬는데요. 2024년 연말에 뜻깊은 후원을 하게 됐습니다. 고시원 시작할 때 코인건조기를 들여놨는데 1시간에 천 원씩 이용료를 받습니다. 비용을 받지 않으면 티셔츠 한 장, 수건 한 장 넣고 돌리는 입실자들이 있어 다른 입실자들이 불편함을 겪게 되죠. 그렇게 천 원, 이천 원 건조기 비용으로 모인 금액을 남편은 차곡차곡 모아뒀습니다. 남편은 건조기 수익을 의미 있는 곳에 쓰고 싶다고 제게 제안했고 티끌 모아 태산이라고 천 원짜리 지폐를 하나하나 세어보니 6백만 원이 넘었습니다. 저희는 딸과 함께 간 해외 봉사활동에서 만난 코피노 친구들과 빈민아동들을 위해 쓰기로 했습니다. 기부가 더 늦어지면 안 될 것 같아 사비를 보태 1천만 원을 만들어 동방사회복지회에 전달했습니다. 고시원을 하지 않았더라면 이런 용기를 낼 수 있었을까 생각해 봅니다. 고시원 부수입으로 이런 뜻깊은 일에 동참할 수 있다니요.

고시원을 하다 보면 별별 사람을 다 만납니다. 소위 멘붕이 오는 일도 많습니다. 스트레스를 한 번 받기 시작하면 주체할 수 없을 정도로 받을 수도 있습니다. 노후 시설에서 오는 하자 보수 관련 스트레스, 그리고 입실자들과 부딪히는 경우 사람 스트레스까지 받게 되는 거죠. 그래서 누군가는 고시원 사업 아무나 하는 거 아니라고 말하고 절대 쉬운 일이 아니라고 말합니다. 그런데 세상에 쉬운 일이 또 어디 있겠습니까? 같은 일을 두고 어떻게 생각하고 대처하느냐에 따라 일의 결과가 달라지는 것들을 우리는 수도 없이 봤습니다.

저는 고시원에서 사건 사고가 터질 때마다 '왜 나에게 이런 일이 또 벌어지는 거야.'라고 생각하기보다는, '그래 이번에도 잘 해결하면 그만큼 노하우가 쌓이겠지. 오케이! 우리 수강생분들에게 하나라도 더 알려드릴 게 생겼다. 이왕 이렇게 된 거 고시원 운영 전문가가 되어보자. 얼마나 좋아, 유튜브 콘텐츠가 또 하나 생겼잖아?' 이렇게 마음먹으니 두려울 게 없었습니다. 그리고 운영 초반에는 진상 입실자가 생기면 '도대체 이 사람은 왜 이러는 거지? 왜 하필 우리 고시원에 온 거지?'라고 생각하고 스트레스 받았지만 지금은 그렇지 않습니다. 제가 어떻게 대처하느냐에 따라 진상 고객이 되기도 하고 충성 고객이 되기도 하더라고요.

남자는 여자 하기 나름이라는 오래된 광고 카피가 있습니다. 입실자는 결국 원장 하기 나름이더군요. 변명하지 않고 진심으로 입실자 입장에서 일을 해결하면 복잡한 일도 쉽게 갈 수 있습니다. 문제가 생기면 이렇게 하나씩 슬기롭게 해결하고 노하우가 쌓이면서 고시원 일이 익숙해

집니다. 인수하고 3개월 정도 지나면 고시원 가는 횟수도 뜸해지고 여유도 생깁니다. 본업보다 많은 수입에 시간적 여유까지 생기고 따뜻한 나눔까지 할 수 있는 사업. 제 첫 사업이 고시원이어서 참 감사할 따름입니다.

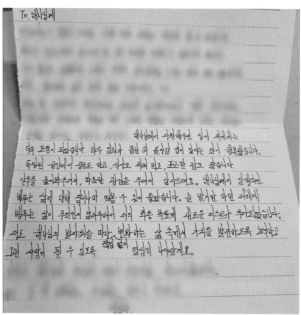

To. 해나님께

해나님께서 사정해주신 심이 저희자는
더욱 도움이 됩니다. 하루 라과과 끝난 뒤 돌아갈 허 있다는 것이 행복했습니다.
독립된 공간에서 깜을 하고, 식사도 차려 먹고, 또근한 잠고 찬습니다.
안부를 물어봐주셔서, 따뜻한 관심을 주셔서 감사드려고. 해나님께서 진행하던
배두는 삶에 대해 쪼굼이나 엿볼 수 있어 좋았습니다. 늘 받기만 하던 저에게
배두는 삶이 무엇인지 알려주셔서 저의 최종 목표에 새로운 리스타 쿠가되었습니다.
저도 해나님의 받사처를 따라, 변화 하는 삶 속에서 가치을 발견하도록 노력하
고 그런 사람이 될 수 있도록 라라 없이 열심히 나아갈게요.

돈은 선하다:
고시원으로 행복을 삽니다

고시원 2개를 운영하던 시절에는 고시원 순수입으로만 월 2천만 원을 벌었습니다. 꼬마빌딩 신축 자금이 필요해 운영하던 고시원 하나를 정리하고 현재는 고시원 하나를 운영하고 있지만 그사이 파티룸과 무인카페를 오픈해서 추가 수입을 벌어들이고 있습니다. 쇼호스트 본업 수입과 강의료, 그리고 건물에서 나올 임대료까지 하면 총 여섯 개의 파이프라인을 만들게 됩니다. 4년 전 고시원으로 월 300만 원의 부수입이 목표였던 저는 당시 상상조차 할 수 없었던 월 3천만 원의 순수익을 만들어 내기도 했습니다. 태어나 처음 사업이라는 것을 하면서 돈의 흐름을 알게 됐고, 대출 레버리지로 얼마든지 사업 소득을 일으킬 수 있다는 것도 배웠습니다. 그 시작이 고시원이었습니다. 고시원을 하면서 부동산과 사업에 동시에 눈을 뜨게 됐고 결국 서울 핵심지 역세권에 제 땅, 제 건물을 갖게 됐습니다. 근로 소득만으로는 상상할 수 없던 일이 벌어지고 있습니다. 고시원 수익으로 초고속 성장을 이루면서 저와 같은 비전을 가지고 함께할 직원도 채용했습니다. 저는 멈추지 않고 더 큰 꿈을 꿀 수 있게 됐습니다. 꿈을 현실로 만드는 작업들이 결국 고시원 덕에 가능했습니다. 그리고 20년 방송쟁이는 일을 그만두지 않고도 좋아하는 일을 하며 더 큰 사업의 꿈을 키우게 됐습니다.

사람들은 묻습니다. 돈을 벌게 되니 뭐가 가장 좋냐고, 뭐가 달라졌냐고 말이죠. 이런 질문을 받을 때마다 저는 활짝 웃고 있는 부모님이 생각납니다. 제대로 한 번 쉬지도 못하고 평생 일만 하셨던 두 분이 생각납니다. 평생을 몸을 갈아 자식들 뒷바라지해 주신 부모님에게 쓸 수 있는 돈이 있어 행복했습니다. 돈을 벌어 좋았습니다. 행복은 돈으로도 살 수 없다는 말이 있지만 고시원을 시작하면서 부모님께 더 맛있는 식사를 대접할 수 있었고, 용돈도 더 자주 챙겨 드릴 수 있었고 좋은 구경도 시켜드릴 수 있었습니다. 부모님이 제 손을 꼭 잡고 함박웃음 지으시며 기뻐하는 모습을 보면 저는 돈 버는 보람을 느끼며 행복했습니다.

언젠가 남편과 태양의 서커스 공연을 본 적이 있는데 당시 티켓 가격이 꽤 비쌌습니다. 라이브 음악과 함께 펼쳐지는 눈을 뗄 수 없는 화려한 공연을 보면서 부모님 생각이 났습니다. 저만 이렇게 좋은 걸 보는 것 같아 괜히 죄송하고 마음이 쓰였습니다. 그때 언젠가 꼭 서울로 모셔 태양의 서커스 공연을 보여드려야겠다고 다짐했던 기억이 납니다. 고시원을 시작하고 수입이 달라지면서 제게 나타난 변화는 마음먹은 일을 구애받지 않고 실행할 수 있다는 것이었는데요, 드디어 실행으로 옮겼습니다. 태양의 서커스 공연 VIP 2자리를 예매하고 편히 서울 오시라고 KTX 특실 왕복 티켓도 끊었습니다. 오랜만의 서울 나들이, 예쁜 꼬까옷 입고 더 기분 좋게 오시라고 새 옷 장만하실 수 있도록 넉넉하게 용돈도 보내드렸습니다. 용산역에서 활짝 웃는 부모님 얼굴을 보니 뿌듯함이 밀려왔습니다. 63빌딩 뷔페에서 식사를 하고 공연장으로 가는 길, 부모님은 더 이상 바랄 게 없다며 제 손을 꼭 잡아주셨는데, 이때 느낀 그 짜릿한 감정을 잊을 수 없습니다. 물론 돈으로 효도를 다 할 순 없습니다. 돈보다 마음이 더 중요함을 알고 있습니다. 하지만 저는 평생 고생만 하신 부모님께 더 좋은 것, 더 맛있는 것, 더 즐거운 것을 누리게 해드리고 싶었고, 그래서 더 많은 돈이 벌고 싶어졌습니다. 제가 소비하는 가장 가치 있고 의미 있는 돈은 부모님께 쓰는 돈이니까요. 고시원을 시작하기 전에는 소소한 용돈이었지만 이제는 매달 생활비를 드릴 수 있는 딸이 됐습니다. 마음만 먹으면 무엇이든 해드릴 수 있는 딸이 됐습니다.

누군가 제게 이런 말을 한 적이 있어요. "해나경님, 돈은 선한 거예요." 대화 중에 제가 '돈은 둘째치고', '돈 때문은 아니고요.'라는 표현을 썼는데, 왜 돈이 중요하지 않냐며 돈은 아주 중요하고 선한 거라고 말했습니다. 생각해보니 돈은 제게 자유를 줬고, 희망을 줬고, 기회를 줬습니다. 저뿐만 아니라 제 가족에게도 많은 기회들이 생겼습니다. 돈으로 행복은 살 수 없다 말하지만, 충분한 기회와 희망은 줄 수 있습니다. 그리고 제가 그토록 갈구했던 자유도 누릴 수 있게 됐습니다. 제가 사랑하는 사람들이 누릴 수 있는 기회를 돈이 만들어줬고 그 기회를 누리면서 우리는 행복하다 말합니다. 이러니 돈이 선할 수밖에요.

저는 돈이 좋습니다. 식당에서 메뉴판 가격 신경 쓰지 않고 먹고 싶은 음식 마음껏 주문하는 것도 좋고 지인들 경조사 부담 없이 챙길 수 있어 좋습니다. 누구를 만나도 먼저 계산할 수 있어 좋고 과일가게에서 "이거 얼마예요?"라고 묻는 대신 "이거 맛있어요? 그럼 주세요."라고 말할 수 있어 좋습니다. 이런 소소한 행복부터 제 인생을 바꿀 기회까지. 고시원으로 상상도 못 했던 수익이 생기면서 돈을 공부하게 됐고 건물주의 꿈을 3년 만에 이루게 됐습니다. 좋은 건 나눠야 직성이 풀리는 성격이라 제가 좋아하는 사람들에게 고시원 사업을 알렸고, 곁에서 도왔고, 그들도 저처럼 소소한 행복부터 경제적 자유까지 누리게 됐습니다. 그 행복을 함께 누리면서 저의 행복은 2배로 늘어났습니다. 그래서 저는 함께 잘되는 게 좋습니다. 이 책을 선택해주신 독자분들도 잘 됐으면 좋겠습니다.

저는 고시원을 운영하면서 본업을 내려놓지 않았습니다. 오히려 파티룸과 무인카페까지 사업을 확장했습니다. 고시원 강의도 하고 유튜브, 블로그 등 SNS도 꾸준히 하고, 이렇게 책까지 쓰게 됐습니다. 만약 하루 종일 내 시간과 노동력을 고시원에 갈아 넣었다면 불가능했을 일입니다. 그리고 감사하게도 책을 쓰고 있는 이 순간에도 제 통장에 돈이 들어옵니다. 생각해보니 자면서도 통장에 돈이 들어오게 만들어야 하고, 돈이 돈을 벌게 만들어야 한다는 말을 수도 없이 들었습니다. 그땐 저와는 상관없는 먼 나라 이야기인 줄로만 알았습니다. 그런데 고시원을 시작하면서 그 말들이 드디어 제게도 현실이 됐습니다. 이제 여러분 차례입니다. 이 책이 여러분께서 마음으로만 품었던 생각을 밖으로 꺼내 실행하는 동력이 되길 바랍니다. 돈이 얼마나 선한 것인지, 나에게 얼마나 많은 기회를 가져다주는지, 고시원 사업을 통해 저와 함께 행복을 누리셨으면 좋겠습니다. 제가 곁에서 응원하겠습니다.

해나경의
고시원
마스터 클래스

1판 1쇄 펴낸날 2025년 4월 4일

지은이 해나경

펴낸이 나성원
펴낸곳 나비의활주로

책임편집 김정웅
디자인 BIG WAVE

전화 070-7643-7272
팩스 02-6499-0595
전자우편 butterflyrun@naver.com
출판등록 제2010-000138호
상표등록 제40-1362154호

ISBN 979-11-93110-57-7 03320